【文庫クセジュ】

クレタ島

ジャン・テュラール著
幸田礼雅訳

Que sais-je?

白水社

目次

凡例

・原著者による注は、本文中の該当箇所に（1）、（2）と番号を振り、「原注」として巻末にまとめた。
・訳者による注は本文中の〔　〕内に示し、長いものは＊1、＊2と番号を振り左端に示した。
・注記の末尾にあるアルファベットは訳者の参考文献とその頁を表わし、巻末に「略記号一覧」として出典を明らかにした。

序文

地理的背景

クレタ島はヨーロッパ、アジア、アフリカの三つの大陸から等距離にある島で、古代ギリシア・ローマ文明においては世界の中心と考えられていた。

キュプロス島についで東地中海第二の大きさをもつこの島は、面積八三三六平方キロ、西のグラブサ岬から東のシデロス岬までの長さは二六〇キロ、幅は北のスタヴロ岬から南のリティノン岬までが六〇キロ、イエラペトラの地峡部分では一二キロである。

海岸線の輪郭はきわめて不規則で、北側はところどころ岬や突出部で断ち切られながら、キサモス、ハニア、スダ、アルミュロス、ミラベル、シティアなど深い湾の連続で開かれており、それぞれ立派な港湾址になっている。他方南側の湾はメサラの一つしかなく、クリオス、リティノン、グテロンの三つの岬が、傲然と海に向かって張り出している。

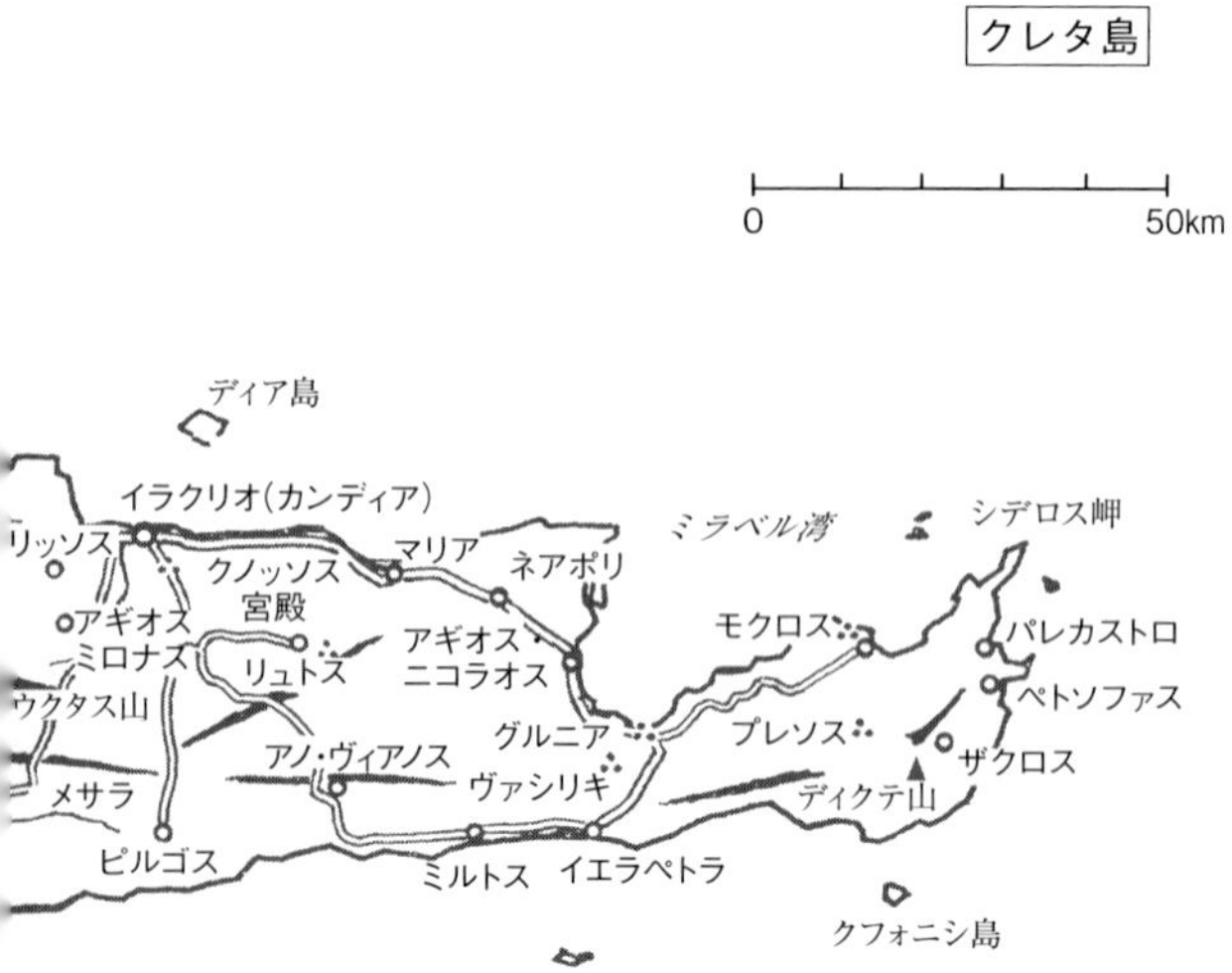

島には東から西にむかって長い頁岩《けつがん》の丘陵が鎖状につらなって走り、それらの上に西から石灰質の「白い山々《レフカ・オリ》」（スファキオッティキ山、二四八二メートル）[*1]、その中央の白亜質の巨大な山塊イダ山（二四九〇メートル）[*2]、さらに東に三つの山で最も低いディクテ山（二一八五メートル）[*3]が屹立する。

こうした山脈の壁は南北の海岸をさえぎるが、イダ山の東には、メサラ湾とイラクリオの海に注ぐプラチュペラマ川渓谷をむすぶ街道が通り、まさにその沿道にクノッソス、ゴルテュン、フェストスといった大きな古代都市があった。

さらに島の気候が、いくつかのコントラストを際立たせる。たとえば山地には北風が吹きあれるが、夏の平野部は乾燥して灼けるように暑く、秋を除けば、雨は不規則にしか降らない。

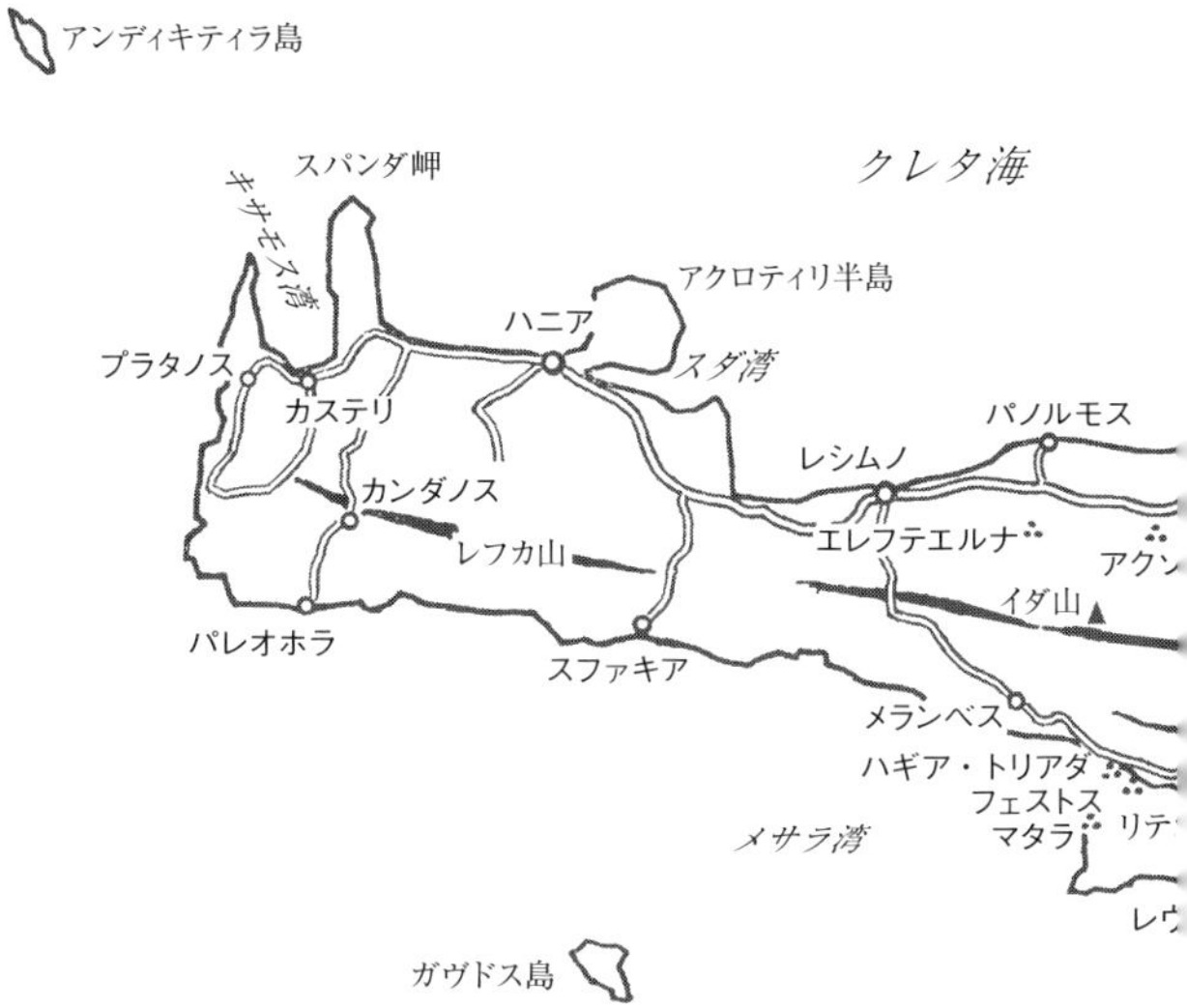

大きな川は皆無で、夏には干上がってしまうような流れしかない。ただ山麓の傾斜地には湧き水が豊富なため、飲用水を確保できる[1]。

風景はさまざまな要因に対応して、決定されていく。「まず頁岩をあまり含まず大部分が石灰岩の山々を想像しよう。さらにどの山もおおむね地味はやせて、平野部は多くの場合盆地の底にあって、判で押したように狭く奥まっているとしよう。耕作可能地は少なく、畑といえば小麦か大麦、果樹園はとくにブドウが多い。こうした文字

＊1　データが古いせいか、明らかに標高が誤っている。この山岳地帯はレフカ・オリと呼ばれ、現在主峰パクネス山は二四五二メートルとされる。FV, p.51, CCF.

＊2　二四五六メートル、CCF.

＊3　二一四八メートル、CCF.

通り砂漠に囲まれたような地域は、地中海ではありがちな現象だ。そこでこうしたクレタ島の平地の境界線を引いてみると、その内部にはミノア時代から現代にいたるまで連綿とつづいたすべての人口密集地が、山塊のなかに閉じ込められた囚人のように生きているのを発見するであろう。点在する沃野を一歩出れば、出会うのは石だらけの島、羊飼いとその群れ、無法者、義賊、お尋ね者、ありとあらゆる類いの戦士、海の冒険に誘われた海賊たちだ……。結局、島国的特性をもった島がクレタ島であり、その制限的な特性こそが、さまざまなドラマが生まれる原因となった。なぜならば海は外部から刺激をもたらし、……人びとを冒険へいざなう。つまりはそれは経済的刺激を生み出すからである[2]」

船を迎え入れる海岸、実り豊かな平野、避難場所としての山。この三つの地理的環境が、クレタの歴史を動かすと同時に、その秘密を明かすのである。

第一部　古代のクレタ島

第一章　ミノス王のクレタ島の発見

伝説の霧に包まれたクレタ島の過去は、長いあいだ神秘であった。十九世紀終わりまで、人びとはクレタ島の歴史をドーリア人の侵入以後、しかもアリストテレスが島によせた関心の度合いに応じて学んだにすぎなかった。島で生まれた素晴らしい神話は、当時、無価値なおとぎ話の寄せ集めとしかみなされていなかったのである。ところが二十世紀の初め、アーサー・エヴァンズの考古学的発見によって、伝説に符合するような一つの文明がクノッソスに存在したことが明らかとなり、この文明は島の強力な支配者だったミノス王をたたえてミノア文明と命名された。以来ギリシアの起源は新たな光で解明され、クレタ人が果たした先駆的役割が明らかになっていった。とはいえクレタの歴史は、いまなお数多くの闇に包まれている。たとえば島で使われた文字の謎は、全部が解明されているわけではない。ミノス王の島の発見は、まだ終わってはいないのである。

I　伝説

クレタ島はすぐれて神話に恵まれた土地である。

寓話とも歴史ともつかぬ伝説の中心にたつクレタ王ミノスは、ラダマンテュスとサルペドンの兄弟であり、パシファエの夫であり、アリアドネ、ファイドラ、グラウコス、アンドロゲオス（スキュラの愛人）、プロクリス、ブリトマルティスらの父であった。彼の妻パシファエはポセイドンの聖牛と交わってミノタウロスを産むが、ミノス王はこれをダイダロスにつくらせた迷宮に閉じ込める。アッティカはミノタウロスに七人の少年と七人の娘を餌食として捧げなくてはならなくなったが、最後にテセウスがミノタウロスを退治する。

結局このミノス伝説はある意味で史実に対応し、クレタ時代におけるミノアの海上制覇を象徴するものであった。おそらくこの時代のクレタ島は、一時期ギリシアを支配し、シチリアにさえ植民地を確立したであろう。

のみならず地理学は神話的叙述を裏づけた。迷宮の痕跡はゴルテュンやハジダキス＝ニヴァスの洞窟にも見いだされる可能性がある。(1) ステファノス・ビザンティオス*1は、ダイダロスという名の都市がある

＊1　六世紀の作家。著作に『地理学辞典』がありユスティニアヌス帝に『諸民族《エトニカ》』を捧げた。

といっている。
要するにクレタ島の歴史を探る上で、伝説は第一級の調査手段と考えられるのである。

Ⅱ 発掘

一八五〇年頃、ドイツ人の青年ハインリヒ・シュリーマンは、ホメロスの英雄、トロイの長期攻略、そしてミュケナイ王アガメムノンがたどった運命を夢想した。後年裕福になった彼は、一八七〇年から九〇年までのあいだ、その時間と富をトロイの発掘に費やした。ミュケナイではアガメムノンの足跡にもとづき遺跡を発見したが、シュリーマンにいわせればこの文明の起源はクレタ島にあるべきだとされた。

一八七七年、カンディア〔現在のイラクリオ〕の商人ミノス・カロカイリノスはクノッソスの位置を特定し、表層部の発掘を行なっただけで建造物の基礎を発見した。[*2] メサラ平野とミラベッロの地域では、農民によって偶然に墓地が発見された。一八八四年、アルブヘッル[*3]とハジダキスはイダ山とエイレイテュイアの二つの洞穴を探検した。彼らはそこで、シュリーマンが予感していたギリシア人の啓示に富んだ文明の痕跡を発見した。一八八六年、シュリーマンはデルプフェルトとともに島に赴き、クノッソスの地を訪れた。だがトルコに統治されているクレタ島の政治はまだ不安定で、当局は彼の発掘を禁じた。彼の計画は、イギリス人アーサー・エヴァンズに受け継がれることとなった。

エヴァンズ（一八五一～一九四一年）

エヴァンズはナッシュ＝ミルズ生まれの富裕な起業家で、実業家や学者が輩出した家柄に属していた。ハロー[*4]からオクスフォードさらにゲッティンゲンで学んだのち、人類学に関心を抱き、フィンランドとラポニアに行った。バルカン地方の旅行のさい、エヴァンズはケルト文明に関心を抱いた。しかしスラブ人のために戦っていたため、[*5]エヴァンズはオーストリア人に捕らえられ、ボスニアから追放された。一八八三年、彼はミュケナイに赴いた。シュリーマンと同じく彼もミュケナイ文明の起源の問題を考え、クレタ島にこそその答えがあると踏んでいた。一八九四年以降、彼はメサラ平野のアギオス・オヌフリオスの丘[*6]を調査した。しかし島の生活を乱されるような政治事件に彼は煩わされた。その後クレタの自治権表明によって、より本格的なクノッソス発掘が可能となり、同僚マッケンジー、ウェース、ホ

＊2 カンディアのイギリス領事館の通訳から身を起こした彼は、一八七八年から七九年にかけて、それまで無秩序な掘り返しで失敗したクノソッスの発掘を決意し、西の中庭のファサードや倉庫などを発見した。FV, p.14-15.
＊3 フェデリコ・アルブヘッル、一八五七～一九三〇年。イタリアの考古学者。
＊4 グレーター・ロンドン北西部の区。
＊5 エヴァンズはマンチェスター・ガーディアン紙のバルカン通信員であった。CE, p.158-162, p.395.
＊6 初期ミノア時代～中期ミノア時代の転換時期に相当する紀元前二〇〇〇年代、フェストス［ファイストス］の遺跡のあるメサラ平野では、すでに「アギオス・オヌフリオス様式陶器」と呼ばれる非常に美しい陶器が焼かれていた。

ガースらの協力も得られるようになったエヴァンズは、大宮殿、小宮殿、王の別邸、ザフェル・パプラとイソパタの墳墓、王の墓所、大司祭の家、さらにコモ港の発掘も企てた。エジプトやリビアにむかってクレタの船が旅立った港である。エヴァンズはまたコモとカツァバスをむすぶルートも発見した。クノッソスにかんする彼の壮大な著作の刊行は、古代クレタ島研究の基礎となった。(2)

だがエヴァンズはそれ以上のことをした。彼は集められた破片を使ってコンクリートで遺跡を復元させ、絵画や彫刻をよみがえらせ、発見された遺構から現代のクレタに古代の姿を復元した。彼は考古学者の仕事の範囲を超えたかもしれない。一九三〇年、オーストリアの専門家カミーユ・プラシュニカーは、クノッソスについて「映画に出てくるような都市」といい、「鉄筋コンクリートでつくられながら、恐ろしく脆弱な仮想の場所を歩いているようだ」と断じた。羽のついた冠と不完全な上半身と花飾りの断片しか基本的要素としてもたなかったエドワール・ジリエロンが復元した「王－司祭」*7は、どこまでが本物だろうか？　頭部と前腕から再現された「二匹の蛇をもつ女神」は、古代の偶像に忠実な像と考えてよいのだろうか？

エヴァンズの仕事は、現在大いに議論されている。とはいえ彼は、前ギリシア文明期のクレタ島に注意を引き、ミノスの島の過去をより深く踏査する意味で、格好のたたき台を後継者に与えたのである。

フランス人の発掘

一八九一年以後、アテネ・フランス学院はクレタ島の発掘を行なってきた。発掘はクノッソスから東へ四五キロのマリアでくりかえし実施された。それ以前、マリアはジョゼフ・ハジダキスによって調査され、後の一九二一年にルイ・ルノーダンが調査に加わった。体系的な調査がシャルル・ピカールさらにピエール・ルセルの指揮のもとに一九二二年からはじまり、一九二九年に終了した。その結果、発掘された長さ一一〇メートル、幅八〇メートルのマリア宮殿は、配置の点からみてクノッソスと似ていた。P・ドマルニュ[*8]はマリアの住居地域を掘り起こし、ヴァン・エファンテールはミラベルの墳墓を明らかにした。現在イタノスの遺跡で、マリアと同じような調査が行なわれている。(3)

その他の発掘

ペンドルベリーとハッチンソンはエヴァンズの仕事を継続し、パレカストロの遺跡とペツォファの聖所、ラッシティ高地の地層、タルペーサの洞穴を発見した。(4) 他方イタリア人たちは、フェストスの調査に意欲をそそぎ、二つの宮殿跡を発掘した。彼らによれば、一つは前二〇〇〇年の宮殿とされ、もう一

*7 Roi-Prêtre は Priest King の仏訳語。この言葉はエヴァンズが提案した。日本語では「百合の王子」が一般的。なお本文中のエドワール・ジリエロンはスイス画家エミール・ジリエロン（一八五〇〜一九二四年）の誤りと思われる。
*8 ピエール・ドマルニュ、一九〇三〜二〇〇〇年。フランスの歴史家、考古学者。邦訳に『ギリシア美術の誕生』（新潮社、一九六六年）がある。

つは前一四〇〇年頃破壊されたものらしい。彼らの関心は島の西部（アプテラとエリュロス）に広がったが、その主たる発見は、ハギア・トリアダ（一九〇二年）である。古代都市グルニアは、アメリカ人の手によって、その街路、テラスのある住宅、広場、宮殿をふくめて蘇った。シーガーとホールの二人は、ヴァシリキ湾でねばり、いくつかの重要な発見をした。こうした一連の活動は先史考古学の高揚を示し、なかでもギリシア人の活躍はめざましかった。彼らの監督官のなかでもメサラのハントゥディディス、ティリッソスのハジダキス、イラクリオとシティアを担当したカンディア博物館館長N・プラトンらの貢献は大きかった。第二次大戦も研究を妨げることはなかった。ドイツ軍の占領下において、キルステンはアマリを発掘し、中期ミノア時代の建築物を発見した。

以後、考古学者たちの目の前に新たな文明が表われ、ギリシア世界の起源が明らかになってきている。クレタの発掘は道半ばにして、ときに多様で、しかもつねに魅力的な遺跡を一〇〇以上も明らかにした。ミノス伝説は、もはやたんなる神話ではない。ホメロスが語る一〇〇以上の都市からなる島は、詩人のイマジネーションの産物ではなく、歴史的現実となったのである。

Ⅲ　年代

エヴァンズはクノッソスの地層の断面から出発して、古代クレタ島の歴史的年代を再構成しようとした。さらにそれまでオリエントで考古学者が発見してきたクレタの遺物や、島で収集されたアナトリア、シリア・フェニキアの諸遺物を通して、島と、トロイ、キュクラデス諸島、ヘラス、さらにエジプトやメソポタミアとの交流を確定しようと努めた。彼は新石器時代末期からアカイア人侵入までの時期を、クノッソス王ミノスに結びつけて、そこに生まれた文明をミノア文明と呼ぶことを提案した。彼は陶器の様式にもとづいて、ミノア時代をさらに三つの時期すなわち①旧ミノア時代（多くの場合単色のくすんだ陶器）、②中期ミノア時代（暗い地色に模様が彩色されたいわゆるカマレス様式の陶器）、③後期ミノア時代（明るい地色に黒い模様の陶器）に区別した。これらの時期はさらにいくつかの時期と局面において分類され、結局一つのサイクルにいたる。古代人の断言によればミノス王の権力は、ゼウスが九年ごとに更改していたというが、奇妙なことにこのサイクルは、そうした伝説に影響されているかにみえる。

エヴァンズの年代区分は、いくつかの修正を施せば、次の通りである。

時代	エジプトとの対応	西暦の年（紀元前）	修正された年代
前期ミノア時代			
M.A.I	第1～第3王朝	3400～2800	
M.A.II	第4～第6王朝	2800～2400	
M.A.III	第7～第11王朝	2400～2100	
中期ミノア時代			
M.M.I	第11～第12王朝	2100～1900	M.M.I: a）3200～2800 b）2800～1900
M.M.II	第12～第13王朝	1900～1700	M.M.II: a）1900～1800 b）1800～1700
M.M.III	第14～第17王朝	1700～1580	M.M.III: a）1700～1600 b）1600～1580
後期ミノア時代			
M.R.I	第18王朝（トトメス三世*まで）	1580～1450	M.R.I: a）1580～1500 b）1500～1450
M.R.II	第18王朝（アメンヘテプ三世**まで）	1450～1400	M.R.II: 1450～1375
M.R.III	第18～第20王朝	1400～1200	M.R.III: 1375～1100

* トトメス三世、第18王朝、（在位、前1479～1425年頃）
** アメンヘテプ三世、第18王朝、（在位、前1390～1352年）

実をいうとエヴァンズが採用した年表に不十分な点がないわけではない。クノッソスにかんする真実は、マリアにはあてはまらない。なぜなら陶器からみたマリアは、MMIからMMⅢにかけての年代に入るからである。フェストスでは前期ミノア時代のものは知られていない。

いずれにしてもこれらの考古学的発見は、古代オリエント史の年代を根底から覆した。エジプトにおけるヒクソスの侵入は、最終的に前一七二〇年とされている。というのも「一般に」十八王朝は、前一五七〇年からはじまるとされるからである。つまりエジプトの歴史と「エヴァンズの」MMⅢからMRIまでの年代の関係は、検討しなおされるということである。一九四二年、コルサバードで諸王の一覧が発見され、その結果メソポタミア史の年代が修正された。前二一二三年から前二〇八一年とされたハムラビ王の治世は、前一八四八年から前一八〇六年、さらに前一七九二年から前一七五〇年にまで下ることとなった。だがMMIa期のクレタ島にハムラビ時代にさかのぼる円筒印章が存在することを、いったいどう説明するべきか?

こうしたことから金属器の島内導入や宮殿の破壊などにもとづいてグロッツ[*9]、マッツ、N・プラトンらが、新たな年代表を提案した[(5)]。

---

*9　ギュスタヴ・グロッツ、一八六二〜一九三五年。フランスの歴史家、古代ギリシアの研究家。

Ⅳ　線文字の解読

ミノア文明の理解において、文字は大きな意味をもっている。無数の印璽、火災によって硬化したおびただしい粘土板や紋章などは、特殊な文字に覆われており、ミノア人が記録する方法を知っていたことを物語る。だがバイリンガルな記述ではないので、解読には超えがたい困難があり、それらはなお完全には解明されていない。

クノッソスの粘土板の発見後、エヴァンズはいくつかのクレタ文字があることを確認した。

一、MA期には、かなり粗雑な輪郭の表意文字が表われた。

二、MMⅠ期の表意文字は印璽の表面で簡素化され、九一の象形文字からなる通称A象形文字体系になった。

三、MMⅡ期にはあらたにB体系が、標章、紋章、長方形の小型粘土板、硬い石の印璽に表われた。九五の象形文字のうち五一はA体系と共通である。これらの記号はすでに硬さがとれ、より自然な形となっている。

四、MMⅢ期では簡素化を通じて、象形文字から線文字Aが生まれる。

五、MRⅡ期ではクノッソスに独自の線文字B*10が表われた。

エヴァンズはこの線文字Bが、とくに王の行為にたいして認められた記録保存用の文字と考えた。それは、いわゆる線文字Aから生まれたものではない。たしかに線文字Bの半分は線文字Aのなかに表われるが、残る半分は象形文字に近いとエヴァンズはいう。とはいえこのイギリス人学者によって、ある共通点が確認された。すなわち、二つの線文字にはいくつかの単語全体、あるいは音節、あるいは文字の集まりを示しているということである。

エヴァンズの集めた素材には、マリアの粘土板、さらにハギア・トリアダの粘土板が加わった。一方大陸のピュロス[*11]では、一九三九年にブレーゲンとクルニオティスによって四〇〇枚の粘土板とその断片が発見され、ついで一九五二年、ウェイスによってミュケナイの粘土板が発見された。これらの粘土板の記号は、クノッソスの線文字Bのそれと同じであった。

この線文字が音節の体系であることはまもなくはっきりした。問題はその解読である。

エヴァンズは、記号の音価に注意することなく、その意味の解釈にとりくんだ。他の研究者はミノアの少数の記号とキュプロス語の記号との間にある類似点を利用しようとした。ヒッタイト語と印欧基語

*10 線文字という名称は、記号が線をなしているからではなく、粘土板の表面に浅く刻まれた線上に絵文字（ピクトグラム）が記されているからである。RV, p.11-12.

*11 ギリシアのペロポネソス半島南西、メッセニアにある都市。一九三九年にアメリカ人カール・ブレーゲンによってミュケナイ文明の遺跡が発掘された。

を解読した学者フロズニー[*12]は、キュプロス語の音節に拘泥せず、フェニキア語のアルファベットの他、ヒッタイト語、その他同時代の地中海諸言語に手を広げた。より独創的で決定的に正確なのは、ブルガリア人ウラジミール・ゲオルギエフの仮説で、これはクレタ・ミュケナイの粘土板文字は、ギリシア語にきわめて近い印欧語で書かれているとするものであった。この考えはヴェントリス[*13]によって採用され、さらに文献学者チャドウィックによって支持された。

イギリス空軍の暗号解読者ヴェントリスは、記号の頻度と位置の研究にもとづく数字を利用した方式や、母音の特定化、性の区別を用いた。そして四つの音節のグループと、ホメロスに引用されているアムニソスという名前の等価にたどりついた。その他いくつかの例が、発見された記号とギリシア語の間に対応があることを示していた。こうしてクノッソスの粘土板はアルカイック期のギリシア語の方言で書かれていることが明らかになった。(6)

こうして原則的な一致は実現したが、まだ多くの点が曖昧であった。それに未解明の線文字Aは、いったい我々に何をのこしているのであろうか?(7)

クレタ島の歴史にとって、ヴェントリスの発見がどれほど重要な結果をもたらしたかを、我々は容易に推測することができる。クノッソスの宮殿が最盛期に達した前一四五〇年頃、人びとはギリシア語を話していた。したがって大陸のアカイア人[*14]はクノッソスの支配者であり、ミノアの海上王国は一つの伝説だったということになる。(8)

だが前一四〇〇年に宮殿を破壊したのは誰だったのか？　外部からの支配に対するクレタ島民の反乱ではないかと、セヴェランはいう。たしかにそれは、従来考えられていたような、外部からの侵略ではなかったのかもしれない。イギリス人パーマーはこの議論をさらにすすめる。(9)

実際粘土板のつくられた年代のあいだにある断絶をどう説明したらよいのか？　クノッソスの粘土板は前一四〇〇年、ピュロスやミュケナイにあるそれは前一二〇〇年のものである。といってクレタ人の方が先にこの文字を知ったことを証明するものは何もない。それどころかパーマーによれば、彼らはこうした記述法を、大陸の人びとから伝えられたという。エヴァンズの助手ダンカン・マッケンジーによって提出された日誌によれば、エヴァンズがクノッソスの粘土板の制作年代を前一四〇〇年としたのは（意識的な？）間違いだったとされる。考えてみれば、マッケンジーが示すようにクノッソスの線文字Bの粘土板がミュケナイⅢb[*15]に特徴的な柄付き容器のそばで発見されたとすれば、クノッソスの発見

*12　リサーナドラベム・フロズニー、一八七九〜一九五二年。チェコの言語学者。
*13　マイケル・ジョージ・フランシス・ヴェントリス、一九二二〜五六年。イギリスの建築家、アマチュアの古代文化研究家。文献学者ジョン・チャドウィックとともに線文字Bを解読したことで知られる。
*14　ホメロスがテッサリアの住民をさして呼んだ言葉。ペロポネソス半島を拠点とした古代ギリシア人の種族とも考えられるが、範囲は一定していない。GD, p.7.
*15　後期ヘラドス文化Ⅲ期（LHⅢ）すなわち前一一〇〇年以前に相当。HS, p.998-999.

物とピュロスの発見物は同時代ということになるだろう。とすればあらゆるクレタの年代は、見直されなければならないのである。

島で発見された記録が完全に解読されれば、問題の解決は可能なのだろうか？　そうとは考えにくい。なぜならば粘土板はさまざまな会計簿、資産目録、役人や司祭のリスト以外のものを我々に示すとは、思われない。またいかなる史書・法文書も現在まで発見されていない。

線文字の最初の解読は、ミノスの島の歴史を解明するどころか、それをいっそう曖昧にしてしまったのである。

第二章　ミノア時代の諸段階

　クレタ島において調査された遺跡の数はまだわずかで、しかも年代確定にかんする論争や線文字Bの解読などさまざまな問題が生じるため、先史時代の島の発展をたどることは難しい。クレタ島の歴史は絶えず再検討されながら、疑問符の連続ばかりといってよいが、それゆえにまた証明も反論もできないような魅力的な仮説に開かれた分野でもあるのだ。

Ⅰ　新石器時代における外部との最初の接触（前六〇〇〇～前二六〇〇年）

　旧石器時代のクレタ島には、人が住んでいなかったと思われる。島への入植は新石器時代、小アジアとくにアナトリアからの入植者の到来とともにはじまった。エヴァンズがクレタ人は新石器時代人で、アナトリア人が島に遺した落とし子という理論を打ち出したのは、こうした人の動きにもとづく。ではクレタ島の新石器時代は、どれほどのあいだつづいたのか？　地層の深さからみて、その時間は非常に長い。専門家たちの意見では、八〇〇〇年から一五〇〇年のあいだと大きな開きがあり、前六〇〇〇年頃までさかのぼることが可能である。どのくらいの期間をこの時代に認めるかという点では、グロッツによれば三〇〇〇年、マッツによれば二六〇〇年、P・ドマルニュによれば二五〇〇年とばらばらである。

初期の島民は洞穴や簡単な避難所で暮らしていた。それから枝や粘土で円形の小屋をくみたて、平らな敷石をしいて床をつくった。今日の考古学者が住居の位置を特定できるのは、そうした敷石のおかげである。新石器時代末期に近づくにつれて、そうした住居は完成されていく。石は主たる建材となり、間取りは当初の円形から解放され、一つしかなかった部屋は多様化した。

道具も同様の発展をとげた。斧、ナイフ、鏃《やじり》など初期の道具は骨、角、砂岩、石灰岩でつくられた。生活上の必需品はつましく、人びとは採取（果実、栗など森の産物）、狩猟、漁労で暮らしていた。とはいえ日常生活の要求が増えるにつれ、日用品の作製に蛇紋岩や赤鉄鉱とくに黒曜石を利用するようになる。手でかたちづくり、穴で焼き上げた陶器も出現した。三角やジグザグ型の線刻や石灰岩の象眼などが暗灰色や赤褐色の壺の表面に認められるが、これらは芸術的な欲求に対応している。宗教的啓示から、こね上げた粘土や刻んだ凍石の小立像がつくられた。それらがあらわす母神の起源は、疑いもなくアジア的である。

クレタ島とキュクラデス諸島とのあいだには、若干の繋がりが存在した。メロス島からは、貴重な黒曜石が到来した。それはしばしば商取引のために、キュプロスやアナトリアを経てオリエントに再分配された。しかしエヴァンズが信じたように、新石器時代のクレタ島と先王朝時代のエジプトとのあいだに関係があったとは考えにくい。おそらくエヴァンズは、当時のクレタ島の勢力を過大視したのであろう。クレタ島の新石器時代は、長いあいだ「孤立し、停滞していた」と、現在は考えられている。

II 前期ミノア時代と金属の出現（前二六〇〇～前二一〇〇年）

エヴァンズによれば、クレタ島に金属を導入したのはメネス[*1]の改革を逃れたエジプト人亡命者たちと考えられた。この仮説は、エジプトから輸入されたり、エジプト的な着想でつくられた石の器がクレタ島で発見されたことにもとづいてエヴァンズが提唱したもので、きわめて魅力的ではあるが、現在はもう認められていない。当時クレタ島に大きな影響力を及ぼすには、エジプトはあまりに遠かったのである。エジプトとの関係は、MMIII期になり、北シリアを介してはじめて開かれることになる[(1)]。逆にドマルニュとセヴェランは、金属器時代に入ったクレタ島の導き手としてのアナトリア南部が果たした役割を説得力をもって強調する。ビブロスとヒッサルリクを介してアジアはクレタに金属の使用法を教え

---

*1　前三一〇〇年頃の古代エジプト第一王朝初代の王。メンフィスの都をつくったとされる。

た。エジプトとクレタの陶器の類似性は、ドマルニュのいう型の共通性によって説明される。

アナトリアが果たした役割は、MAI期とII期の島内で二つの民族が接近したことにおいて感じとることができる。アジア出身の短頭型種族（一〇パーセント）と地中海に典型的な長頭型種族（五五パーセント）の、二つのかなり高率の混血種が存在する事実がこの接近を物語る。こうした共存はクレタ島の発展にとって特異な酵母として作用した。

この共存は、地中海世界において格別重要な位置を占める。それは島の海上制覇の成果である。金属の使用は産出国との交流を増やし、クレタの船はキュプロス島の銅、キュクラデス諸島の金や銀、メロス島の固い石を求めて船出した。どの港も未曾有の活気を経験した。東岸のザクロスやパレカストロ、北部のモクロス島やプセイラ島は、小アジアとの取り引きの拠点となった。クレタ島にとって小アジアとの関係がいかに重要であったかは、東部が最も活発で豊かな中心をなし、島全体において優越的立場にあったことによって説明される。クノッソスがまだ金属のない「亜新石器時代」しか知らなかった頃、マリアの要塞は大都市の佇まいをみせた。ヴァシリキでは陶芸は初期の彩色の焼成陶器をつくりだした。[*2] パレカストロが経験した繁栄は、その宝物によって裏づけられる。アナトリアの影響に向かって開かれたクレタ島東部の役割は、ミノア文明の誕生に不可欠だったと思われる。

青銅の使用が普及するにつれて、島の重心は移動していった。クレタ島の東の地域は、必ずしもその優越性を放棄したわけではなかったが、中心部との競合を考慮せざるを得なくなる。こうした新たな原料を見いだす必要に迫られたクレタの商人たちは、西ヨーロッパや北部の海岸都市に目を向けはじめた。スペイン、ガリア、コルヌアーユ、エトルリア、ボヘミアといった、地方からきた船や隊商が、シチリアやアドリア海沿岸に錫をもたらす。島の中央を横断する道がつくられ、クノッソスやフェストスが主要な中継点になる。こうしてクレタ島東部は、クノッソスによって商活動の一部をさらわれてしまう。繁栄の絶頂にあったマリアには、予想もしない結果であった。

Ⅲ　中期ミノア時代と島の発展（前二一〇〇～前一五八〇年）

前期ミノア時代に漠然と姿を現わした文明は、前二一〇〇年から前一五八〇年のあいだに突然の飛躍をとげた。二つの状況がこの発展を可能にしたのであるが、その一つは産業とくに陶器の進歩であり、もう一つはエジプトとの直接的な取引関係の成立である。

＊2　一九〇四年から〇六年にかけて、リチャード・シーガーによって発掘されたヴァシリキ遺跡の名前を取って付けたヴァシリキ様式陶器は、そのほとんどが赤地に黒色と茶色の斑紋と表面で光沢を放つ顕著な特徴を示す。このヴァシリキ様式陶器は、前二四〇〇年～前二二〇〇年頃盛んに作られたミノア文明の特徴的な陶器の一つである。流れ落ちるような美しい斑紋、四〇〇〇年以上の時間経過でも劣化しない光沢が見事な陶器の製作過程では、間違いなく腕の良い陶工たちによる良質な釉《うわぐすり》を使った、かなりの高温度での焼成が行なわれていたと推測できる。GD, p.996.

ミノア中期は二つの局面に分かれる。初期宮殿時代は前二〇〇〇年頃から始まり、前一七〇〇年頃終わった。そして前一七〇〇年から前一五八〇年までの新たな繁栄の時代すなわちMMⅢの時期がこのあとに続いた。

1　初期宮殿時代

この時期は、島がとくに驚異的な商業的発展をとげた時期に対応する。エーゲ海におけるクレタ島の優越性はずば抜けており、メロス、デロス、テラといった島々は、もはやこの大きな島のいわば出先でしかなくなった。こうした「産業保護制」は、アルゴリダ〔現在のペロポネソス半島東部アルゴリス県〕や中央ギリシアにも及んだ。アイギナ島、シロス島の工房はクレタの青銅器、陶器、金銀細工の職人に対抗できなくなった。その一方キュプロス島はクレタへの経済的依存関係を深めた。島の将来にとって決定的になったのは、エジプト中王国との取引関係が、直接的であれシロス・フェニキアを介してであれ、定期的に結ばれたことである。島でつくられる多色の陶器、宝石類、武器などによって、クレタ島はエジプトの市場をきりひらいた。「第十二代王朝のファラオが、まさしく王権に新たな力を授けんとしているこの新たな王国と、いまやケフティ（クレタ）人はまったく対等の立場において取り引きしつつあった」（ヴァルツ）というのはおそらく過言であろうが、取引利益にもとづいた一定の繋がりが、ナイル渓谷の帝国とエーゲ海のそれとを結びつけたことに疑いの余地はない。

それにひきかえ小アジアとの交流は停滞していった。アーリア人やヒッタイト人の進出のとばっちりを受けたからである。アジアからの影響は、クレタ島東部の没落に拍車をかけた。マリアの初期の宮殿は、おそらく前二〇〇〇年より少し前に建てられたもので、発掘によってその豊かさが明らかになっている。この宮殿は前一九〇〇年頃すなわちMMⅡ期に捨てられたが、この遺棄は、はたして東部が経験した何らかの不安定の表われであろうか？　ヴァシリキの陶器製造者たちはただちに工房を閉鎖したりはしなかったが、もはや新たなモデルを創造せず、製品の輸出をやめてしまった。取り引きの不振はザクロスやパレカストロを襲い、これらの都市にはクレタの船は寄らなくなった。アジアの宗教的影響力が薄れた結果、ペツォファはもはや地方の聖地ではなくなる運命をたどった。

以後、クノッソスとフェストスが、中央部で島の実質的活動の中心となっていく。クノッソスはギリシアとキュクラデス諸島へ目を向け、フェストスは南部の港を介してエジプトと交流するようになった。両都市がいかに重要な位置を占めたかは、前二〇〇〇年頃に建てられた最初の宮殿から明らかである。それらは神殿であると同時に城塞で、工房、倉庫でもあった。それらは周辺の地域を支配していたが、城主の権威は限られていた。クノッソスが西部や東の一部に及ぼす影響力は、それが抵抗の憂き目にあうという意味において依然限定されていた。またフェストスは独立を保っているかにみえるが、ある時期両都市のあいだには対立が存在したはずである。

前一七〇〇年頃、突然二つの宮殿は破壊される。印欧語族の侵入があったのか？　といってクレタの海上覇権を打ち砕くような強力な艦隊を、どの国がもっていたろう？　エジプト人が襲ってきた？　だがエジプト王国は、当時ヒクソスの餌食になっていたのではなかったか？　地震か？　だがその影響は島の中央部にかぎられていただろう。なぜならばマリアの宮殿は、破壊をまぬがれているからだ。別の仮説といえば、マリア対クノッソス＝フェストスとの戦争で、東のマリアが一時的に勝利したという説がある。だがマリアは、それより一世紀前から無人の地で、また、明らかにどの東の都市にもクノッソスへ遠征して勝利をおさめる力はなかった。では中央の農民や山間部の諸王国で反乱が起こり、アジアやエジプト、あるいはギリシアからきた移民がこれに同調して、宮殿が略奪され、焼かれたというのか？　たしかにこの仮説は、ある新たな王朝が出現し、それまでの象形文字を線文字で置き換えたことと考え合わせると、きわめてもっともらしく思えるのである。

2　第二宮殿時代（前一七五〇〜前一五八〇年）

前一七〇〇年になって、クレタ島はふたたび発展の波に乗るが、といってその文明の流れに断絶があったわけではない。クノッソス、フェストス、ハギア・トリアダそしてマリアでは、新たな宮殿が建てられ、また古い宮殿が建築技術の革新によって修復されたり、美化されたりした。柱に杉の木が使われ、「光窓」方式が生まれたのである。芸術は東方の影響から解放され、宮殿が修復されたクノッソスの周辺では、ティリッソスの住居が建てられた。フェストスは昔の重厚さを取りもどし、ハギア・トリアダは王の居所となった。この「復興」には東部も参加した。前一九〇〇年に捨てられたマリアの宮殿にはふたたび人が住み始めた。グルニアは商工業の拠点としての働きを取りもどし、ヴァシリキの陶器は、昔の輝きにも安定感の域にもいたらなかったが、クノッソスの陶器と競合するようになった。

このMMⅢ期の復興の原因は、アジアとアフリカに影響した大変動によって容易に説明される。すなわちヒクソスが前一五八〇年までエジプトの支配者となったことである。これによってカッシート[*3]は前十八世紀末までバビロニアを抑え、ヒッタイトは小アジアで拡大を続けた。

オリエントではクレタの船がファラオの海軍にとってかわった。墓所から出土するさまざまな証拠品(壺やスカラベ)が、ヒクソスとの関係を裏づける。「東方市場の後退」を利用して、クレタ人はキュクラデス諸島、ペロポネソス半島、アルゴリダとの関係を回復させた。そうした地域に新たに定住した人びとは、高度な文明をもつミノア人に服していった。トゥキュディデスによれば、こうして姿を現した海洋国家クレタこそが次の時代に花を開かせていくのである。

こうした拡大も、島内の軋轢を覆い隠すことはできなかったのかもしれない。クノッソスの覇権掌握の野望はライバルの抵抗と対立せざるを得ない。一五八〇年大宮殿の宝物はクノッソスの敵によって荒

*3　メソポタミア東方ザクロス山脈に住んでいた古代民族。前十六世紀にバビロン第一王朝を倒して、バビロン第三王朝を建設した。

らされた。ただマリアは、商業に悪影響を及ぼす小アジアの混乱に阻まれて、流れを変えることができなかった。他方フェストスもヒクソスの侵入によってエジプトとの交流を一時的に断たれた。ハギア・トリアダは、クノッソスの植民地とほとんど変わらなくなった。実際、クレタ島とギリシアや西ヨーロッパとの商活動が集中するクノッソスの豊かさには、いかなる都市も匹敵し得なかった。

Ⅳ　後期ミノア時代Ⅰ、島の最盛期（前一五八〇年〜前一四五〇年）

クノッソス王ミノスの統治は、クレタの海上制覇が頂点に達した時代と交錯する。このことからエヴァンズは大宮殿時代の文明を、「ミノア文明」と定義した。

九〇もの都市すべてを支配し、エーゲ海全体に支配権を確立させたミノス王とは、いったい何者だったか？　年代記的にみて、彼の存在は不確かである。唯一はっきりした情報を伝えるヘロドトスによれば、ミノスはトロイ戦争より前、九十歳で没したとされる。他方ディオドロスは、よりもっともらしく、ミノス一世とその孫のミノス二世を区別している。アテネで希少な情報を期待できそうな著述家たちも、我々の頭にただこの王の名をつめこむために語るだけだ。おそらくミノスは、前一七〇〇年から前一四〇〇年までクノッソスをはじめクレタ島の大半を支配したある王朝を人格化した存在であろう。その統治はしばしば激しい内乱に脅かされた。伝説はミノスとその兄弟たちとの葛藤の記憶を守り伝えている。サルペドンはリュキア〔古代小アジアの地方（トルコ南部沿岸）〕に逃げざるを得なくなったし、ラダマンテュスはクレタ東部に逐われた。だがそれは、クノッソスの王朝と南部のエテオ・クレタ人〔ヘラス人到来前のクレタ人〕、西部のペラスゴイ人〔ギリシアの先住民族〕とキドニア人〔キドニアはハニアの古代名〕、東部のリュキア人の各族長との闘いのパロディである。ミノスがクノッソスを中心に行なった島内の統一は、実際には三世紀かけて王位襲名者たちが長期間続けた統一事業であった（ミノスの名称は、おそらく王朝創建者から代々受け継がれた、たとえばファラオとか、プトレマイオスとか、カエサルといった王家の称号を表わすにすぎなかった）。

それればかりでなくミノスは、クレタ島の海上覇権の体現者でもあった。トゥキュディデスは前五世紀に書いている〔『歴史』第一巻、四〕。「人づてにきくかぎりでは君主たちのなかでも、ミノスは今日我々がギリシア海と呼ぶ海を支配するだけの海軍力をもった最高の君主である。彼はキュクラデス諸島に支配権をひろげ、カリア人[*4]を追放し、多くの島々に永続的な施設をつくり、自分の息子たちをその指導者とした。ミノスは海上からできる限り海賊たちを掃討したが、それは収益の回収をより安全に確保するためであったろう」。ミノアの名はラコニア、メガラ、シチリア、シリア、そしておそらくアラビアにも散らばっている植民地の商館に付与された。またロドスのアポロニオスによって、キュクラデス諸島の

＊4　古代小アジア南西部のエーゲ海に臨む地域。

一部は「ミノア人の島」という言葉で呼ばれた。こうした事実はMMI期とMRI期のエーゲ海におけるクレタ島の海上覇権の一面を物語っている。ミノスはこの帝国のいわば名祖《なおや》なのだ。ギリシアの著述家たちが言及する活発な移住は、覇権主義と不可分に結ばれている。中央部のクレタ人がラダマンテュスの指揮のもとに出発したことは、考古学的に確認されている。N・プラトン[*5]はペパリトス島でクレタ人の建物の遺跡を発見した。シチリアのディオドロスの「ミノスにかんする」物語は実際に正確なのかもしれない。人びとはなぜ集団的に出発したのか？　伝説では君主間の私闘が原因だが、実際の移動はクノッソスから出発しているように思われる。あるいはそれは地震の結果であろうか？　いずれにしてもこうした動きは、キオス島（伝説ではテセウスとアリアドネの息子オイノピオンの島）やスキュロス島、デロス島、そしてラダマンテュスが支配したというエウボイア〔エヴィア〕島に広がっていった。

結局キュクラデス諸島は決定的にクレタ支配圏に組み込まれ、なかでもキュプロス島とロードス島は西アジアへの前哨となった。ミノア文明中期に入るとカマレス式土器の断片が発見されるが、このことはキュプロス島ではクレタの影響が優勢だったことを示す。クレタ人の進出はペロポネソス半島東部から出発して、ダナオス王朝が落ち着いているアルカディア、レレクスの王朝に支配されているラコニア、カドモスに征服されたボイオティア、そしてアテネに達した。ミノスはアテネに代理人を送り、人や物を貢ぎ物として徴発させた。アッティカの若い男女を招集してミノタウロスに捧げるための伝説は、こうしたところから生まれたと考えなくてはなるまい。

ミノス王の船乗りたちはイオニア諸島を通ってケルキュラ〔コルフ〕島につき、植民地をつくった。それからアドリア海からティレニア海に達して拠点をつくり、フェニキア人やギリシア人に通じるルートを開いた。

ナイル河岸ではエジプト第十八王朝が新王国をひらき、強大なトトメス三世（前一四八〇〜前一四四七年）に贈りものと賛辞をもって大使を派遣したケフティ〔クレタ〕の国に、商業上の便宜や注文を与えた。こうした実り多い交流は、クレタ王のファラオへの服従の見返りとして与えられたのだろうか？　そう断定すべきいかなる根拠も存在しない。

クレタ文明と強力な海上覇権国家の威光はいたるところに輝いた。しかるに線文字Bの解読は、すべての見直しを迫った。チャドウィックとヴェントリスの発見から出発して、スター[*6]は、前一五五〇年以降のクレタの海上覇権にかんする証拠はまったく残っていないし、それは前一四〇〇年までには完全に崩壊していたのではないかとの意見を示した。ミノスの王朝が頂点に達していたとき、クノッソスはアカイア人の手に落ちたのかもしれない。とすればクレタがギリシア本土で及ぼした支配力は、幻想でしかなかったことになる。後代のトゥキュディデスの証言にもかかわらず、考古学はミノアとアカイア人のあいだ

＊5　ニコラオス・プラトン、一九〇九〜九二年。ミノア文明研究家、クレタ島のザクロスの宮殿の発見者でもある。

＊6　チェスター・スター、一九一四〜九九年。アメリカの考古学者、古代ギリシア・ローマ史家。

には、商業的交流しかなかったことを示している。では海上覇権はたんなる神話なのか？　この問題には、あの古いアカイア人の方言がどのようにクレタに導入されたかが判明しないかぎり、答えることはできないだろう。考慮に値する問題である。アカイア人の侵入は、前一四〇〇年以前のことだったのか？　クノッソスの書記官たちは、記録保存上便利に思われる［線文字Bの］記述法を選択したのだろうか？

V　後期ミノア時代Ⅱ、衰退（前一四五〇〜前一四〇〇年）

クレタ王国の失墜は、前一四五〇年に始まった。フェストス、ハギア・トリアダ、ティリッソス宮殿は、火炎舌に舐め尽くされた。ミノスの都と他のライバルとの闘いのクライマックスだったのだろうか？　十五世紀後半に行なわれたクノッソス宮殿の壮麗さは、たしかに君主の力を証言している。もっとも彼らの好尚は「より図式的で、大陸様式においてより凝った形式」にむかって発展していった。ハギア・トリアダでは大陸的なメガロン・タイプ[*7]が昔のミノア型建築と重なった。火災はすでにクノッソスの主となったアカイア人が、クレタの他の都市に自己の権威を広めようとする企てであったろうか？　あるいはこの攻撃は外部から（すでに新たな支配者の手に落ちているクノッソスを除いて）しかけられたものか？　前一四〇〇年、首都クノッソスは何らかの理由で滅んだ。宮殿は荒らされ、焼かれた。エヴァンズは、軍事主義的傾向を強める王家に対する民衆の反乱のなかに、一世紀の遅れをもって始まったアカイア人の進出をみていた。ウェイス[*8]は真のクレタ《エテオ・クレタ》人のアカイア人に対する反乱を示唆する。だがそれではその後に続く大規模なミュケナイ化を、どう説明するのか？　そこでグロッツはクノッソスはこのときすでにアカイア人の攻撃の前に屈していたと考えた。ではどうして宮殿を破壊する必要があったのか？　たしかにトロイはヘレスポント海峡に接する位置にあったため、アカイア人によって焼き打ちにされ、都市は全滅させられた。トロイに対する海賊の急襲[*9]はギリシア世界の通商を妨害していた。アカイア人のクレタ人に対する攻撃は、彼らがクレタ人から芸術作品や技術の多くの部分で恩恵を受けている以上、奇異に思われるかもしれない。このことからゼルボスの第四の仮説が生まれる。それは、あるとき大きな地震が襲い、以後長いあいだクレタ人とアカイア人が同一視されるようになった、という説である。

クノッソスの崩壊の後に続いて島が全滅した。グルニア、プセイラ、ザクロス、パレカストロがつぎつぎと崩れた。グルニアはアカイア人がふたたび住むようになった。以前の住人はアジア、キュプロス、パレスチナのほうへ移住したと考えられる。エジプトの資料は「ケフティ」族についてしきりに語

＊7　メガロンはギリシア建築の一様式で前室と主室からなる長方形の建物。
＊8　アラン・ジョン・ベアード・ウェイス、一八七五〜一九五七年。イギリスの考古学者。
＊9　前十二世紀頃のエーゲ海一帯には、ギリシアの海賊が横行して、小アジア沿岸の都市は相当な略奪の被害を受けたといわれる。

る。だが北からの民族が島に定着する。クレタはギリシアになる。長いあいだ島の王権は防衛手段としての島の地勢に安住してきた。だがアカイア人はだしぬけにそれを奪ってしまった。

VI　ミュケナイ時代のクレタ島（前一四〇〇～前一一〇〇年）

ミュケナイ時代のクレタ島は、もはや大陸に付属する島でしかなくなった。といって、その役割は、想像されるほど影が薄れたわけではない。クレタ人とアカイア人とのあいだに同一視が生まれたが、この新たな要素の寄与も、芸術の分野ではなんら独自性をもたらさなかった。

ミノア王朝最後の政権は、〔ダイダロスを追って〕シチリアにやってきたミノス王の遠い子孫、イドメネウスの手に落ちた（伝説ではアガメムノンとメネラオスの母は最後のミノスの孫娘とされてはいなかったろうか?）。実はイドメネウスは、アカイア人の出身であった。ホメロスによれば、イドメネウスはミュケナイ王アガメムノンの忠臣としてトロイ戦争に参加して、最多の船隻（八〇隻）を供出したとされる（これをみても、いかに当時のクレタが不滅の島であったかがわかる）。別の伝説ではクレタへ帰還した彼は島から逐われたとされ、また壮大な墓に祀られたという話も伝わっている。おそらくイドメネウスは、ミノス王と同様、新王朝の象徴であったろう。彼の即位は、同時にアカイア的要素の勝利を確認したといえよう。彼のサレンテへの追放は、ドーリア人の侵入によってアカイア王朝が失墜したことに起因する。

Ⅶ　ドーリア人

トゥキュディデスによればドーリア人侵入は、トロイ戦争から数えて八〇年後である。ドナウ川流域からやってきたドーリア人は、イルリアからエペイロス、あるいはマケドニアとトラキアを通ってギリシアに下り、さらにアルゴリダやペロポネソスに入った。他方クレタ島は、前一一〇〇年頃からドーリア人の進出に見舞われた。クノッソスはふたたび焼かれ、虐殺の憂き目にあった。都市は破壊され、征服された土地は没収された。もっとも辛抱強く戦闘的な山岳地帯の民族は、よく抵抗したであろう。ペンドルベリーによる発掘から、ミノア人とアカイア人は危機のさい一体となって、急峻なカルフィの地に避難した。すでにこの頃から、山は侵略に対する抵抗の中心地となってきた。小アジアへの移動もまた、ドーリア人支配の受け入れを拒否したことを示している。

ドーリア人の勝利はすなわち「ミュケナイ人が使用していた青銅の剣に対する鉄剣の勝利」（ヴァルツ）であるが、同時にそれはエーゲ世界でクレタ人が発展させてきた芸術趣味と贅沢に対する、ドーリア人の尚武的な生活と厳格さの勝利でもあった。この過去との断絶はきわめて激烈であったため、ミノス帝国の記憶は以後その伝説と混同されてしまった。

第三章　ミノア時代における制度

エジプトやアジアの王朝の歴史とちがって、ミノア朝の特徴にかんして我々はさまざまな仮説の域にとどまらざるを得ない。クレタ島の政治的な発展については、文献がないため依然として曖昧なのだ。新石器時代の部族の長による支配から、ミノア朝のクノッソスの絶対的権力へ、人びとはどのようにして移行していったのか？　クノッソスはいかなる代償を払って、島全体の主導権を掌握したのか？　最盛期のミノス王の権威はどれほどの広がりをもっていたのか？　クノッソスの粘土板が完全に解読されれば、こうした問題を解明しうるとはいわないまでも、少なくともすでに知られているミノアの制度にかんし、いくばかく正確な知識をもたらすことができるであろう。

Ⅰ　氏族から王政へ

クレタ島は最初無数の部族に分かれ、政治的統一を経験したことはなかった。各部族では最年長者か、最も高徳な人物が族長となっていた。彼はその権勢を象徴する印章とともに円形墳墓に埋葬され、遺骸の傍らには、彼の最良の武器が置かれた。このようにクレタ島では無数の小首長が氏族《ゲノス》の力に応じた範囲で権力を行使していた。ある氏族が、小さな内輪の勢力にとって代わられた場合、その権力は消滅の道をたどった。壁に囲まれた集落が生まれると、それにともなって新たな指導者が出現した。彼らの運命は、自ら統治する地域とむすばれていった。前期ミノア時代末になると中央集権が進められ、メサラではフェストトスの首長が競争者を一掃した。クノッソス朝の王は、その堅固な楼閣を通じてカイラトス渓谷全体に影響力をおよぼすことできるようになった。新たな領主らは、いずれも宮殿を建てられるほどの強大な権力をもった。彼らは激しい戦争のために対立し、あるいは東部の諸都市との戦いに巻き込まれた。第二ミノア中期(MMⅡ)の陶器に描かれた図柄から、我々は都市の攻囲戦を再現することができる。前一七五〇年、中部クレタ島の二つの宮殿は崩壊した。新たな城郭が再建されたとき、大陸との交流にもとづいてつくられたクノッソスのほうが優越していたのは明らかだった。高い防塁と稜堡によってしっかりとまもられたこの都市を中心に、政治的統一が達成されていった。だが前一六〇〇年、クノッソスの盟主権は脅かされ、その宝物は略奪の波にさらされた。とはいえこうした不運は束の間のもので、地方の領主らはミノス王の力の前に屈し、王は総督を派遣して領主に代えた。前一四五〇年、フェストス、ハギア・トリアダそしてティリッソスが、半世紀のあいだにクレタ島の地図から削られていった。ミノスの権力は、前一四〇〇年まで絶大であった。

II　王

主権者としてのミノス王の権能は、複数の持ち物を内包する。それらはまず封主権の象徴であるまっすぐな錫杖、雷を象徴する両刃斧《ラブリュス》[*1]、王の宮殿の壁や器に描かれた百合の花などであり、とくに百合は、厳粛な儀式にさいして王がつける首飾りや大きな羽根飾りの王冠をつくる。この百合の花は宗教的あるいは政治的な意味をもっているのだろうか？　それともたんなる装飾なのか？　後世のフランス王国のように、ミノス王国は百合の花が国花だったのか。

家臣は戦士の活躍の図に見られるような帯剣の権利や、エジプトのヘカ杖[*2]からヒントを得た牧杖をもつ権利が認められていた。彼らは支配者の周りに宮廷をつくり、彼に助言し、ミノスが催す祝祭、狩猟、宴会に参列した。

王権の本質は宗教的で、エヴァンズは「王－司祭」という言葉で表現している。ミノスは豊穣をつかさどる男神の擬人化であり、雷や雨を操る者とされ、大地を表わす母神と最終的にむすばれる。ここではオリエントの影響がはっきり現われている。雄牛を擬人化したミノスは、エジプトのアピス[*3]を連想させる。なぜならば彼とパシファエがむすばれてミノタウロスが生まれたということから、我々にはヘリオポリスのムネヴィス[*4]やエジプトやシリアの三神[*5]が思いだされるからだ。彼の名自体はテーベの牛神ミヌー[*6]に近い。それはともかくクレタの君主と神々との関係をみると、メソポタミアよりもエジプトを連想させる。ミノスは大地の神々の代表ではなく、むしろ彼らの子、しかも敬虔で従順な子を表わしている。ミノスは九年ごとに、ラビリンスの中でも最も恐ろしいイウクタス山[*7]の聖所で密かに父ゼウスと会い、政治報告を行なった。それに不満があると、ゼウスは王を洞穴のなかに閉じ込めた。逆に満足すると、王ははさらに九年間の統治を承認された。アッティカで七人の若者と七人の娘が貢ぎ物として集められたのは、この儀式のためだったのだろうか？　人びとが王を返してもらうための捧げ物となるの

＊1　近東や他の地域では、このような斧は男神がもっていることが多く、落雷の象徴とされている。しかしクレタ島ではそれらの地域とは異なり、男神が両刃斧をもつことは決してなく、つねに女神とその女性神官が手にしていたといわれる。

＊2　ヘカは「魔術」を表わし、その杖は支配者・王が手にするが、もとは牧人の杖だったといわれる。また「牧畜」の支配を表わしているとも考えられる。

＊3　アピス（Apis）は、古代エジプトの都市メンフィスで信仰された聖牛。エジプト神話のプタハ神の化身。

＊4　レバノンのバールベック。ヘリオポリスは、ギリシア語で「太陽の都」の意。

＊5　古代エジプトの聖牛のギリシア語名でヘリオポリスで崇拝された。

＊6　ギリシア語でミン、テーベではミヌーと呼ばれたこの牛神は、人間の姿で甦った場合には男根を勃起させた性神として、異常に大きな直立男根をそなえた姿で表わされていた。

＊7　イウクタス（リュクトス）山はイラクリオ市から約一〇キロ南の山（八一一メートル）で、ゼウスが生まれ、育ち、死んだ聖地として土地の人びとから崇められている。

が、これら少年少女たちの運命だったのだかもしれない。

神と君主との密会はプラトン、ストラボン、ハリカルナッソスのディオニュシオスなどさまざまな古代の作家たちに衝撃を与えたと思われる。彼らに導かれて、我々は「王-祭司」が宗教的叙階から権威を得ていたのではないかと想像できる。九年ごとに招集されたということは、彼が再選されるということかもしれない。(1)

Ⅲ　ミノア時代の政治

クノッソス宮殿はいろいろな用途をもっていたが、その中には島の行政事務もふくまれていた。そこで行なわれる記録保存室の仕事は、北部入り口付近の書庫から判断してかなり大きかったと思われる。書記官たちは王の下す命令を粘土板に記録したが、おそらくパピルスも使用したであろう。彼らは玉璽によって記録を認証した。いくつかの母型を使って、印璽は複製された。ついでながら各係は、独自の印璽をもっていた。たとえば麦の穂があれば、それは倉庫にかんする係の印である。

司法の領域にかんしては、我々は推測の域を出ることはできない。王の別邸の柱廊を、エヴァンズは最高裁判所にあたる王の法廷とした。法廷では王は書記官に補佐された。訴訟はどのようにして行なわれたのか？　おそらく神明裁判が行なわれ、被告を生かすか殺すかは、神の審判にもとづいて王が下したであろう。王が冥府の裁判官に昇任したからといって、彼が自己流に裁けるほどの特権がのこされていたと見るべきであろうか？

クノッソスの財政組織は、粘土板の解読が完成すれば、より詳しく知られるであろう。もっとも王がいかに大きな富をもっていたかは、その財宝をみれば想像がつく。財宝には貴重品ばかりでなく、大甕に入った穀類、ワイン、油などがあった。これらの食糧は王領で産出されたものだけではなく、島で租税として徴収されたと思われるものもあった。つまり君主はその土地の経済の枠のなかで、公務に携わる者や職人に報酬を払っていたわけだ。

最後に、王は軍隊の最高指揮官であった。クレタの軍隊は、封建的徴兵と、ミノスの親衛隊員と二つの部分から成り立っていた。部隊は、古典主義時代にはいって評判となる弓兵隊、二股の盾と槍をもち、てっぺんに房のついた円錐形の帽子をかぶった槍兵隊もふくまれていた。二頭の馬にひかれる戦車隊は、予備軍として使用された。「隊長のゴブレット」[*8]の図は、部隊のなかに厳格な訓練があったことをうかがわせる。

実際にはミノア朝の最盛期には、軍隊はそれほど大きくはなかったはずだ。島内は平和で、艦隊が沿岸の安全を保障していたからだ。クレタの海上覇権の基礎は、この艦隊におかれていた。

＊8　原文は vase 壺であるがイラクリオ博物館所蔵品 gobelet du chef（ハギア・トリアダ出土）をさすものと思われる。

Ⅳ　海上制覇

大陸の各地で初期の覇権国家が生まれたとき、クレタ島は最も古い海洋帝国を築きつつあった。ヘロドトスやトゥキュディデスの伝承によれば、クレタの支配圏はカリア人が逐われたキュクラデス諸島、大陸ギリシアの一部（アルゴリダの地峡、アッティカ東海岸、マラトンの平野）、そして地中海沿岸の各地に及んだ。

この帝国の統治はいかにして行なわれたか？　トゥキュディデスがいうには、ミノス王は自分の息子たちを島外の地域に派遣した。たしかに大陸の属領支配は主従関係で王とむすばれた隊長たちによって実行されたが、彼らは独立することが多かった。ピュロス、オルコメノス、テーベ、ミュケナイでは強力な王朝が根づき、広々とした宮殿で人びとは暮らし、狩猟や宴会が閑暇の楽しみになった。ピュロスのネストル王、オルコメノスのミニュアス王、テーベのカドモス王らは、ときとしてクノッソスの宗主権を認めたにちがいない。そうすることによって彼らは軍の指揮官から身をおこして、強大な王朝をひらいた。

おそらくミノス王はこうした支配圏からよりたくさんの年貢を取り立てていった。我々に遺された絵画には、クノッソス王に敬意を表し、貢ぎ物を運ぶ人びとの行列が描かれているからである。

他方ミノス王は島内の治安に目を配り、地中海を荒らしまわる海賊を掃討して他国との交流の安全をはかった。カリア出身の船員によって強化された艦隊は、海上の警備をかためた。その根拠地はアムニソス港であった。さらにミノス王は沿岸警護のため、穀蛾《こくが》に似た軽装備艇を発明した。

こうした支配は、どのくらい長くつづいたのだろうか？ すでに見たように最近の線文字Bにかんする発見は新たな歴史学派を刺激し、クレタの発展期をこれまで考えられていた前一四〇〇年より古くさかのぼらせた。なかにはクレタ人の海上覇権にかんして疑問を呈する人さえいる。これはいきすぎた態度である。ミノスの記憶は、アッティカやメガラに重くのしかかっていたと考えられ、その支配がたんなる神話だなどとは到底いうことはできない。

第四章　ミノア時代の社会組織の変化と経済活動

クレタ島の考古学的資料が、たくさんの絵画、彫刻あるいは刻印を通して我々にもたらす男性像は、背は低く、日焼けして髭はなく、頭髪は縮れて長く、一般的に腰巻きあるいは幅広の半ズボンを着用し、まれに白いゆったりとした衣装や大きな羽根飾りのかぶり物を着けていることもある。のみならずこれらの資料によって、我々はミノア時代のクレタ島の社会構造にかんして、ギリシア人が遺してくれたさまざまな情報を補うこともできるのである。

I　社会の進化

最初の単位は氏族によって、つまり単系的親族的集団として成立したといわれる。それは父系血族の絆によって同一の核を中心としてあつまった集団、ときには一〇〇人以上の構成員からなり、親族内の守護神に対する同一の崇拝と、共同体的利益にもとづく経済的にも軍事的にも連帯を中心とする集団である。前十八世紀のヴァシリキの住居は、一階に二〇の部屋を内包していたが、上の階については何もわかっていない。クレタ島南部で墳墓として利用されていたロトンダ式建築[*1]からは、こうした氏族の構成員のものとみるべき数百の頭蓋骨が見いだされた。

とはいえこの氏族は、複数の小家族のなかで次第に細分化していった。ミノア中期の初めになると、シャメジ[*2]の住居は一階あたり一二室程度しか含んではいない。ミノア後期の領主の宮殿内では、住宅は一戸あたり二ないし三室の小規模タイプであり、夫婦中心の家庭が、家族的共同体に取って代わった。シャメジの遺跡では、孤立した陋屋《ろうおく》が以前の集団的住居にとってかわった。クレタ島では氏族から家族への移行と並行して、都市型の体制が農村社会にとってかわり、大陸よりも早く都市が生まれた。その誕生はクレタ社会の発展に対応していた。

＊1　ドームをもつ大広間がある円形建築物の様式で古代ギリシアのトロス（円形墳墓）に由来する。
＊2　シャメジでは中期ミノアⅠの卵形建築物の下に、前期ミノア時代の遺構が発見された。

II　女性

　こうした社会では、女性は女王である。とはいえ女性が家族の長だったということはまったく証明されていないし、「女権制《ジネコクラシー》」を語るのはいきすぎであろう。ギリシア人にアマゾネスの神話をもたらしたヒッタイト人の母系制との類似すら、ここで考える根拠はまったくない。ミノスは王であって、ミノア文明のどこを見ても、ヒッタイトの后妃のような女性の君主は見あたらない。クレタ女性はいかなる政治的役割を担ったこともなく、このような控えめな態度は、女性が男性と対等の関係にある家庭のなかにも見いだされる。にもかかわらず、ミノア文明のなかで女性的要素が重んじられたことは否定しがたい事実で、その意味でギリシアと比べ、クレタには根本的なオリジナリティが認められるのである。「女人部屋」に閉じ込められるどころか、クレタ女性は都市の活動に参加し、宗教的儀式において主席の座を占めた。女性祭司は上席権をもち、遅れて登場する男性祭司たちの役割は、彼女らの補助ないし介添え役にかぎられることが多かった。クレタの主神は、母神だったのではないだろうか？

　女性は工房の仕事にも加わった。前期ミノア時代の印章の表面には、壺をつくっている女が描かれている。もっとも荒っぽい仕事が免除されていたわけではない。女は車を操ることもできたし、狩りにも出た。拳闘士や闘牛士にもなったことは、クノッソスのフレスコ画からもわかる。大陸でもミュケナイの絵画が示すように、芝居の桟敷では気取った姿で、もちろん最上の席についた。

クレタ女性の美しさは、いかなるものと比べても遜色がなかった。絵画では、純白の肌と漆黒の髪の艶やかさとのコントラストが強調された。たおやかで輝くような姿形は宝石や腕飾りで引き立てられた。クノッソス宮殿のご婦人方は黄金の冠をいただき、それほど豊かでない女性も、さまざまな形——半月状のプレートや螺旋状に巻かれた糸——の指輪や耳飾りをつけている。クレタ女の頭髪は、黄金のピンで留められて微妙にからみ合う。凍石の玉を連ねて両端をペンダントで留められた首飾りは首を、ブレスレットは手首をそれぞれ飾る。

それにしても服装の近代性には、当惑させられる。仕立て専門の職人がつくったのか、クレタ女性の服は、ブラウスとスカートのツーピースである。ブラウスは大胆にえぐれて、上腕までも露出させている。コルセットで胴を締め、反対にスカートはゆったりとして長く、ときには下にむかって釣り鐘型に広がっていく。後にスカートはV字型のフリルが施されていくが、その単調さは下で直線のフリルによって破られる。クレタ島の帽子職人の想像力はずばぬけて多彩で、騎手帽、ターバン、ヘニン〔円錐型で先端からベールを垂らした帽子〕、ベレーと何でもつくってしまう。靴屋も負けてはいない。室内ではクレタ女性は裸足だが、外出時には天候や気分に応じて縁のあるサンダル、ヒールのある短靴、あるいは革製の長靴さえも履く。(1)

このように着飾った女性が、クレタ島を支配はしないまでも、島を闊歩したのである。

Ⅲ　農業と工業

1　農業

ホメロスは実り豊かなミノスの島を有名な韻文でうたいあげたが、その詩的に誇大ともいえる表現の正しさは、さまざまな考古学的発見によって裏づけられているようだ。

新石器時代のクレタ人は採集、漁労、とりわけ狩猟によって暮らし、とくに狩猟に対する関心が強かったことは、ザフェル・パプラの狩人の墓が示すとおりで、その名声はクセノフォンが『狩猟論』を著すまでつづいている。犂《すき》は単純な木製の無輪犂で、轅《ながえ》と犂先で組み立てられ、クレタ島では大陸より遅れて使われるようになったとされる。おそらく人口の増加に導かれて、クレタ人は農耕にむかって転換していたのであろう。

しかもクレタ人は、土がやせて乾き、不規則な降雨と石だらけの土地に住むキュクラデス諸島の人びととはちがって、沿岸に近い三つの広い森林のおかげで安定的とまではいえないが少なくとも十分な湿度と、穀物や果樹に適した沃野に恵まれていた。

土地の開発そのものについては、我々は何も知らない。中期ミノア時代には、自給自足的体制で暮らしていくために組織化された大きな領地がいくつかあった。さらにその後期には、生け垣に囲まれた小規模な所有地があった。誰が大地を耕したか？　農民はどのような環境におかれていたか？　彼らの生活や技術はどのようなものであったか？　ヘレニズム以前の島の農村生活について、我々は印章に現われた図像を通して外側からしかうかがい知ることはできない。

小麦、オリーヴ、ブドウという地中海の「三位一体」は、すでに重視されていた。軟質小麦は島のほとんどいたるところで栽培されているが、とくにメサラとラッシティの平野が主要な生産地である。クノッソス平野ばかりでなくハギア・トリアダやパレカストロでも、火事で焦げた穀類が発見された。クレタではオリーヴの木も古くからあった。これをオリンピアにもたらしたのは、クレタ生まれのヘラクレスではなかったか？　オリーヴの木は化粧、照明、食糧に不可欠な油を提供する。一方ブドウは、不純物が除去されず、果肉をのこしたままのワインをもたらした。グロッツは、クレタの容器がしばしば漏斗型、あるいは紡錘型といった奇妙な形をとるのは、液体の沈殿物を貯める必要性から説明されるだろうといっている。いずれにせよクレタ島の農業は何かの作物に特化されることはなく、それどころか、果樹（イチジクは現在でもその代表的農産物である）、豆類（エンドウ、ソラマメ、レンズマメ）、香草や薬用植物などを産出し、亜麻の畑、イトスギの森と、きわめて多様化していた。

2　牧畜

空間が狭く耕作に不適なところは、牧草地にせざるを得なかった。新石器時代以来、独占的資源である牧畜は、ミノア時代に入っても決して重要性を失うことはなく、それどころかその仕事は高尚な職業とみなされた。なかでも雄牛は最高の位に位置づけられた。野生から家畜化された牛は、肉と革を提供し、生け贄として捧げられ、車に繋がれて運送に使われた。またすでに牛は輸出され、移牧を経験しているプレソスやパレカストロの両都市の繁栄を確実なものにした。小型の家畜（羊、豚、山羊など）もクレタにはたくさんいた。ティリッソスの簡素な小屋から、羊と山羊の顎骨三二、豚の顎骨一七個が発見された。他方馬は、ようやく後期ミノア時代Ⅰに入ると、エジプトとキュプロスを介して持ち込まれた。

3　工業

経済はその起源において本質的に家族的なものであった。だが需要が多様化するにつれて、労働が必然的に分化していく。製陶業者、大工、青銅加工業者らが誕生する。彼らは工房や製品の商標をもち、都市内に専門地区をつくる。グルニアのような産業都市では、ある家は搾油場を、別の家は炉を、また別の家は指物師のアトリエをそれぞれもち、市場として使われる公的広場を中心に集まっていた。宮殿はあらゆる職業団体を収容していた。グロッツは、クノッソス宮殿の経済活動を想像する。「下層の労働者たちは、壁に囲われた戸棚と粗末な大甕を備えた小部屋に住んでいた。職人や芸術家といったエリートは、雑多な大衆よりはるかに高い地位におかれ、彼らが署名した製品の評判は遠国にまできこえたに違いない。家父長制度に守られた産業は、芸術的産業を維持するに十分なものをもたらしていた。女性は大樽《ピトス》から小麦を取りだして、臼ですりつぶしたり、女王の監視のもとで糸巻き棒や梭《ひ》を操った。

搾油場は広い倉庫と隣り合っていた。こうした資源と並んで、宮殿は王立の製陶工場をもち、そこから無数の装飾品が生まれた。宮殿内には彫刻のアトリエや、宝飾品の工房もあった……」。このようにクレタ島では青銅器職人、彫金師、金銀細工師がつくる奢侈品製造業、大工業、革なめし業の職人などがそろっており、貧しい人びとの需要にこたえた。こうした産業には、金属採掘もくわえるべきかもしれない。しかし島には大理石が皆無で、銅も錫もない。他方、石切場は硬い石灰岩、良質の石膏のほか彫刻家が多くの小像をつくるのに便利な凍石も産出する。宮殿やアトリエや、グルニアのように工業用に専門化された市域の小工房は、次第にマニュファクチャー的な製造所との競合に直面せざるを得なくなった。これらの製造所の重要性を過大評価してはならないが、それらは輸出と生産を連結させる設備を備えていた。こうした環境のなかだからこそ、技術改良が導入されたのだろうか？　紀元前二〇〇〇年のクレタ島の宝飾は、すでに溶接技術を習得していた。ギリシア人より早くにミノア時代の青銅器職人は、鍵と錠前をたびたび造り、染色職人はサフランと悪鬼貝〔巻き貝の一種。古代紫の染料がとれる〕を使って布地を染めた。クレタ職人の名声は地域の枠をこえて地中海東部にひろがり、島全体の商業の発展に決定的な要因として作用したのである。

Ⅳ　海船と商業

クレタは自然資源によって島内の需要を満たすことが可能だった。だが産業によってもたらされた進歩と、それにともなう贅沢品の発達にさそわれて、海の貴族に属する人びとは、金属加工や宝飾の新技術に必要な材料（貴石、象牙、金や銀）を外部に求め、農業生産物や馬を輸入するようになっていった。こうしたクレタの環境にふさわしい商活動の発生には、増加する人口圧（その数値的評価は不可能）や島民の冒険好みも、同様の役割をはたしていた。

そればかりでなく都市と都市、都市と農村とのあいだの取り引きは、ずっと早くから発達していた。各都市にはそれぞれ市場があり、そこにはさまざまな名産品（たとえばグルニアの手工業製品、クノッソスの武具や宝石、プレソスの青銅製の用具など）が持ち込まれた。交易は小道だけでなく本格的な街道によって確保された。クノッソスで発掘された道路は、石の基礎の上に厚いコンクリートの層でつくられ、二本の歩道と車道の跡が識別できる。旅行や商品の流通は駕籠《かご》やロバの背に荷を積んで行なわれた。馬が入ってきたことによって、二輪車の発達が促された。

さまざまな改良を重ねながら、人びとはでこぼこの「ぬかった道」から「海の市場」へとすすんだ。中期ミノア時代にはいるとクレタ海軍が生まれ、無鉄砲に挑戦する六人の船乗りを六つの口から一気に呑み込むといわれる恐ろしいスキュラ岩〔メッシーナ海峡にある危険な岩礁〕に挑んだ。船の建造に必要なスギやヒノキの材木は、森がたっぷりと与えてくれた。印章の刻印、壺に描かれた絵、石や石膏でつくられたミニアチュールから、我々は、エジプト人の舟型と、それとはかなり違うエーゲ海で採用された舟型とを区別することができる。船長約二〇メートル、船体はほっそりとして軽快、舳先は魚の飾りでぴんと立ち、船尾は舵手が舵を操る船尾楼をいただき、漕手たちの座席をそなえ、二、三本の帆柱をもつクレタ船は威風堂々たるものである。もっとも速度はどのくらいかは分からないし、積載量は制限されていただろう。この船がつくられたのは、大きな丸型船に対する私掠行為のためだったようだ。前期ミノアⅡにパレカストロの土器で再現されている丸型船は、商品を運んだにちがいない。アカイア人はクレタ人から航海術を学んだであろう。

港の整備は、海軍の発展につきものだ。南岸のトリピティはメサラ平野の販路として使われた。ホメロスが語り、いまでも大甕が遺っている西部のコモスの船は、ワインと油を積んだ。東のザクロスとパレカストロは、クレタ東部の一大商業センターであった。とはいえクレタ島の沿岸部は変形してしまったため、その当時の港湾設備がどのようなものであったか、我々には判断することはできない。ミノア時代の船は、後のカンディア[*3]の対岸にあるディア島や、モクロスに好んで停泊した。

---

*3　イラクリオのこと。現在のイラクリオ（あるいはエラクリオン）は現代ギリシア語のカサレヴサ（公式言語）による呼称。古代ギリシアの時代にはヘラクレスにちなんだ都市名としてエラクレイオンや城を意味するカストロが用いられた。↓

交易の発達にともなって、重量と寸法のシステムを取り入れる必要性が生じた。前三〜二〇〇〇年紀の地中海東部には、いくつかのシステムが共存していた。クノッソス、シティア、あるいはマリア宮殿の倉庫では標準器が発見され、それらの一部は装飾が施され、斑岩に蛸が彫られているものもあった（後期ミノア時代）。天秤ばかりはクノッソスでは早くから知られている。鋳塊や金ないし銀の円盤の刻印は価値をあらわすためのもので、エーゲ世界における貨幣出現の最も古い証拠である。すべては取り引きの円滑をめざした道具である。

クレタの商人とはどのような人びとであったか？　彼らの考え方、ミノア社会における彼らの地位、取り引き、計算法とは……？　そういった問題について知りたいと思う人がいるかもしれない。だがそれは諦めてもらわなければならない。彼らは海上覇権の推進者だったのだろうか？　あるいはその享受者だったのか？　彼らの取り引きから、ミノス王はどのような甘い汁（課税、事業への参入）を吸っていたのか？　アムニソス、ティリッソス、ヴァテュペトロン、スクラヴォカンブスにある商人の邸宅を通して、我々は大商人の暮らしぶりを想像することができる。

彼らが輸出していたものは？　オリーヴ油とワインは大きな壺にいれて運ばれた。薬草は島の名産品となった。武具、宝石、陶器、布地が輸出された。

彼らは遠征でキュプロスの銅（キュプロスはこの金属の鉱床に魅せられたクレタの影響と支配さえ受けることとなった）、北方の錫、イベリア半島の銀、さらには東方の香料、象牙、彩色ガラス製品などを持ち帰った。

クレタ商人は他の国々のために働いたが、活動はそうした点にとどまってはいなかった。たとえば彼らはフェニキアにレバノン杉を買い付けに行き、それをエジプトにまで運んだ。クノッソス王と地中海諸国とのあいだで協定が結ばれて、クレタは周旋役を果たすことができたと考えられる。

クレタの船乗りと商人が活躍する範囲は、地中海世界を包んだ。

まず第一に、クレタと地中海諸国との間に取引関係が確立していた。クレタ人は陶器や印章を輸出し、シロス島からはキュクラデス特有の偶像を、メロス島からはこの島が独占していた黒曜石を持ち帰った。クレタ人はメロス島からさらにアルゴリダ湾を通って、ペロポネソス半島やギリシア中央部に達した。前十七世紀までクレタの船乗りから見放されていたアルゴス湾は、彼らの交易にとって最大の拠点となった。クレタ島からきた船から、布地、宝石、武具、甕が下ろされた。クノッソスの息のかかった商業圏は東ギリシアを覆い、マケドニアにまで浸透した。ピュトンを退治したアポロンへ宛てたホメロスの讃歌は、その記憶を次のようにとどめるだろう。「ミノア朝のクノッソスからきたクレタ人は数も多く腕前もたしかで、黒い船に乗って商売のために動き回り、土地の人びとと取り引きをするた

↓九世紀アンダルシアから来たイスラム教徒が根拠地を島の南部のゴルテュンからこの都市に移して以来、約一千年間アラビア語の（城塞都市）を意味するカンディア（あるいはカンダクス）が用いられるようになった。本書では歴史上の名称を尊重して、時代に応じてカンディアを使った部分が多いことに注意する必要がある。本書一三五頁参照。

めピュロスの砂地に行く……」。

クレタを中心とするこうしたエーゲ海の交易で、キュプロス島が果たした役割は大きい。前一五五〇年から、人びとはそこで建築用の木材や、輸出用に鋳塊にした銅を仕入れた。柄が曲がっている有名な短剣もクレタの船が購入した。キュプロスはシリアやパレスチナとの貿易にとって中継点であり、これらと接して東西に走るアナトリアの道は、クレタの港から出てエンコミを通りラス・シャムラ[*4]へ通じていた。クレタ商人たちの多くはラクダを描いた印章をもっていたが、おそらく彼らはアジアやアフリカの隊商と交流したのであろう。これらの隊商がやってくるシリアの諸港は、キュプロス人、エジプト人、ヒッタイト人が出会う、文字通り地中海世界の回転盤であった。クレタ人はさらに歩を進め、中央アジアや、ティグリス・ユーフラテス両渓谷に入ったろうか？　マリ（ユーフラテスに面したこの古代都市の宮殿とクノッソスのそれは類似している）の粘土板は、カプタル（クレタ島）との関係について言及している。中期ミノアIにさかのぼるメサラの墓には、ハムラビ時代のバビロニアの円筒印章が発見されている。

小アジアの端にあるトロイもまだ忘れられてはいない。ここでは近隣の地域から産出する銅、銀、金を供給し、中期ミノアIに交易が盛んだった。

クレタとの取引関係（少なくともある時期の）においてエジプトが占める地位を、我々は過大評価したかもしれない。とはいえ両国の間に経済的関係が存在したことは、疑いをいれない。クレタ人はエジプトから真珠、壺類、化粧用具、象牙を輸入した。クノッソスでは無数のスカラベに混じった閃緑岩の像（中期ミノアⅡｂ）やアラバスターの水差しの蓋（中期ミノアⅢａ）が発見され、後者にはヒクソス王キアンの飾り枠がついている。かわりにクレタ人は、自国産のオリーヴ油、ワイン、多彩色の壺類を輸出した。こうした取り引きが続いたのはごくわずかで、まもなくよく知られた影響を被った。つまり異国との関係は、古王国末期前二三九〇年から前二一六〇年にかけて、またクノッソスとフェストスの初期の宮殿が破壊され、かつエジプトがヒクソスに占領された前一七五〇年から前一五八〇年にかけて、両度にわたって中断されたということである。逆に他の時期についてはエジプト側の多大な需要にもとづいて「商品の間断なき流通」があったといってよいのだろうか？　ヴェルクテール[*5]は、歴史家はクレタ商人とエジプト人との取引関係に重きをおきすぎているのではないかとほのめかした。[2]彼にいわせれば、そうした重要性はハイウニブウ人[*6]と、後にケフティ人といわれるクレタ人とを混同した記述に

＊4　地中海東岸、現在のシリア・アラブ共和国西部の都市ラス・シャムラ。ここにあった古代の国際的港湾都市ウガリットは、西アジアと地中海世界との接点として、文化的・政治的に重要な役割を果たしたと考えられている。前一四五〇年頃から前一二〇〇年頃にかけて都市国家としての全盛期を迎えた。この遺跡から発見された重要な文化には、独自の表音文字・ウガリット文字と、ユダヤ教の聖書へとつながるカナン神話の原型ともいえるウガリット神話集がある。JP, p.20-21.
＊5　ジャン・ヴェルクテール、一九一一〜二〇〇〇年。フランスの古代エジプト学者。
＊6　エジプト第六王朝のファラオたちが、「海の向こうのハイウニブウ人に不安を覚えていた」。GC, p.235.

もとづいているとされる[3]。それはともかく、ナイル河畔に想像したほど大きな［クレタの］支所がなかったとしても、またクレタ人が及ぼした影響がエジプトに限られてはいなかったとしても、両国のあいだに継続的な経済関係が存在したことは確かである。我々はここで三つの段階を区別することができる。

a）ヴェルクテールによれば、交易がはじまったのは、前二二〇〇年より前のことではない。ケフティウなる言葉はエジプトの文書にこのときに現われるが、同じ頃クレタの職人は第六王朝におけるエジプトの器の形を模倣している。

b）中王国時代、交易関係は不規則になった。他国からエジプトへの輸入品は、ごくわずかしか発掘されていない。前期ミノアⅡ末から中期ミノアⅢにかけて、商取引はキュプロス、シリアを通して行なわれたかにみえる。

c）新王国に入って関係はふたたび活発になった。金、貴石に対するエジプトの需要は、スーダンからの供給やアジアにおける略奪にもかかわらず、とどまることなく膨らんだ。エジプトの船は一般的に東方から直接クレタに着くルートを使う一方、クレタの船は同じルートを逆方向にたどった。島の西部の船乗りたちはシチリアやターラントに達した。ミノス王の死後、彼らはメッサピ人の地にヒュリアを創立した。そこでは後期ミノアⅢ時代の土器が見つかっている。サルデーニャではクレタの仲買人が自国の宗教、技術、道具類などを持ち込んだ（アンゲル・ルイィゥの多数の地下埋葬所がそれを証明している)。ゼルヴォスによれば、彼らは鋳物職人に、型への鋳流しの手法を教えたとされる。前ギリシア時代のクレタ人と古代サルデーニャ人の取り引きにおける本質的な要素の一つは、イリクシ渓谷の遺物群から発見され、エーゲ的痕跡を残す青銅のインゴットによって象徴される。

さらに遠方の例としては、イベリア半島がある。その銀や錫の鉱石は、隊商がグレート・ブリテン島からもってきたものだ。アルメリア地方のエル・アルガール[*7]とアリカンテは、前二〇〇〇年紀中葉まで、エーゲ文明のおかげでとりわけ輝かしい文化を経験した。

バレアレス諸島はサルデーニャとスペイン東部の中継地として機能し、そこではクレタ島からはいった牛への崇拝が高まった

北アフリカとの関係はあまりはっきりしないが、カルタゴにはミノア時代の器やさまざまな作品が集められている。

トロイからアルガールまで、あるいはナイル河口からアルゴス湾まで、クノッソスを中心とする商業帝国の地図は描かれていたのである。

＊7　スペインのアルメリア県アンタスに近い青銅器時代の遺跡。

第五章　ミノス王時代の宗教

あらゆる古代社会と同様、ミノア文明においても宗教は大きな地位を占めていた。クレタの芸術、社会制度、人びとの個人生活にそれは深く浸透していた。だがクレタ文字が完全に解読されないかぎり、我々はそうした宗教について正確な観念をもつことができるだろうか？　たしかに発掘がすすんだ結果、聖所の重要性は明らかになり、大切な文物も出土したろう。絵画やレリーフは儀式や信仰についての多くの詳細な図像を提供してくれた（それが正確だと考えてよい根拠もある）。類似の宗教との比較によって、ミノア時代のクレタのいくつかの局面は解明された。とはいえ書かれた記録がない以上、さまざまな祭儀のもつ意義、象徴の意味、クレタ人の宗教心などは、我々にとってなお未知数のままだ。シャルル・ピカールはこれを「美しいが文字のない絵本」と呼んだ。我々はそこに人びとの魂を読むことができないのである。(1)

Ⅰ　母神とクレタの神々

クレタの宗教の最も根源的な特徴は、並外れた象徴への嗜好であろう。クレタのこの象徴主義的傾向は神聖なものすべてに対して寓意的価値を与えており、とくにその象徴は十分に神聖な雰囲気を生むので、ときには神はもう可視的である必要さえなくなってしまう。とはいえこの特殊な性格をもった象徴性は、紛れもない神人同形主義的傾向と連動する。「クレタの宗教はさまざまな象徴の並置によって、神々の図像的表現力を倍加させた」と、ピカールは書いている。かくして明らかにアジアの宗教に匹敵するような精神性の高い宗教が誕生した。

1　フェティシズム

したがって当然ミノア文明の宗教には、原始宗教に固有のフェティッシュな要素がみられる。ごつごつした岩を称えるとか、斧や盾を崇拝するとか、装飾のなかに十字架をいれたり、礼拝堂や祭壇に聖牛の角を配するといったことがその例である。ではそれらはいったい何を意味するのか？　さまざまな疑問への説明となると、我々は途方に暮れてしまう。

a）聖石の場合、それが地面から隆起する石とか、空から落下した石質性隕石とか、洞穴内の石筍とか、鍾乳石といったものであることはわかっており、そうしたものが崇拝の対象となる。マリア宮殿の聖所の一つにある四角い基礎におかれた石塊の存在は、その一例である。こうした原始的崇拝から、支柱への信仰に移ったと考えられる。それはたんに建築上の一要素という以上に、クレタの神が及ぼす鎮静作用の象徴とされ、神の人形《ひとがた》にとってかわりやすいものだったろう。

b）両刃の斧も信仰において重要な役割を果たした。それは中期ミノアⅠ、Ⅱ以後の柱身の表面、フレスコ壁画、器、指輪の石座などにみられ、また金、銀、青銅、石でつくられたものが発見されている。人びとはそれを、ただ生け贄の儀式を行なう道具として崇拝したのであろうか？ 生け贄を殺すためにはかなり不便なことから、それは考えにくい。雷あるいは雷斧[*1]から派生したものであろうか？ 雷を支配するアジアの神々は、たしかに両刃の斧で武装している。また両刃の斧のもつ両性具有の面を強調する意見もある。両刃一対は二重の存在を表わし、男神と女神との結合を表わすのかもしれない。あるいはこの斧は男神ミノスの象徴だったかもしれない。ギリシア人はこの斧をラブリュスの名で呼んだ。この名称から迷宮〔ラビリンス〕が生まれたとすれば、ミノスの宮殿は二重の斧の宮殿であったかもしれない[(2)]。

c）斧と並んで双葉形の盾が刻まれていることが多い。この崇拝も両刃斧のそれと似ている。防御的な武器である盾は、女神の属性となる前は、力の象徴であったかもしれない。

d）神聖な木は、植物のもつ力を表現する。マツ、オリーヴ、ヤシ、イトスギはのちに神の属性ないしは象徴となり、クレタにおいて尊ばれる。ときには神聖な林のそばに小堂があり、そこで生け贄の儀式が行なわれることがあった。

e）クノッソスの礼拝堂内で発見された十字架は問題を投げかける。均等な四つの枝を組み合わせた十字架は、大地、海、空、地獄を統べるミノアの四元性を表わすのだろうか？　あるいは宗教的シンボルとは無関係と考えるべきか？

f）奉献用の牛の角は、中期ミノアⅡ期に初めて登場し、後期ミノアⅠ、Ⅱ期には頻繁にみられるようになった。これはクレタ独特の遺物で、鋭い先端をもつ二本の角が太い梁の上でむすばれてつくられている。これらの角は礼拝堂や祭壇を装飾するためのものであろう。それともその役割は、装飾的なものだけだろうか？　むしろそれは聖牛の見事な頭骨を象徴しているのではないか？

g）動物崇拝とフェティシズムは、たしかに切っても切れない関係にある。クレタの家畜のなかでも、とくにアナトリアに崇拝の起源をもつ雄牛は、特権的な地位を占めている。(3)生殖力を象徴する雄牛はエウロペをさらったゼウスや、怪物ミノタウロスと混同される。それ以外の聖獣では、ミノアの女神たちにつきまとう蛇がいる。冥界における蛇の活動は、マーネス崇拝[*2]を連想させる。蛇は

*1　落雷などのあとに発見された石器時代の石斧などを、天から降ってきた雷神の持ち物と考えたもの。
*2　古代ローマの霊魂崇拝。マーネスは文学的には「善人」の意味にも使われるが、一般には死者の魂で、それを導く神はディィ・マーネス（dii manes）と呼ばれた。ローマ時代の墓碑にはしばしばD.M.ではじまるといわれるGL, p.382.

また竈をまもり、家庭内で信仰された。鳥は神の幻影の徴《しるし》として、あるいは神の身内として重視された。女神のそばにはしばしば鳩が付き添うが、といってあらかじめ「鳥女神」がいて、それが後に「鳥といる女神」にとってかわられたという説を証拠だてるものはない。完全を期すためにライオンと猿についていうならば、これらはエジプトとの交流の遺物なのだろうか？

問題はさまざまであり、それに応じて疑問符がつく。ミノアの宗教はおそらく（といっても議論はある）原始的なフェティシズムの時代を経験したが、「神人同形主義の傾向がそれを犠牲にし、石や木や動物を「神の」属性ないし象徴のレベルにさげた」（ドマルニュ）のである。

2　神人同形主義

この傾向はいったいいつの時代にミノアの宗教に登場したのであろうか？　どのようにして人びとは、神に似せた素朴な護符や奉納物から脱したのであろうか？　どういう外的影響があって、この移行が促進されたのか、またその影響はどういう大変動を信仰に持ち込んだのか？　すべては回答不能である。

ただ一つ否定しがたいことがある。それはアナトリアのすべての宗教と同じく、女性の神がずばり絶対的に優越しているということだ。素焼きにしろ大理石にしろ、その女神像は尻が大きく、初期のうずくまった姿から立ち上がり、形態は誇張され、乳房はつきだし、腹はひろがり、腰は力強く、臍は大きく、クテイス[*3]は三角形というように、滑稽なまでに多産な被造物を思わせるのである。女神像は姿態も変化する。最初はふくらんだ胸をおさえようと腕を曲げているが、時代がすすみ後期ミノア時代になると、「鳩の冠をかぶった女神」（クノッソス）のように信徒を祝福するかのように両腕を掲げるようになる。小像に託す魔的な力から、人びとは母神崇拝へと移っていく。

自然の女神たる母神は、動物と植物の世界を支配する。生命の木の根元に座る彼女は、おおむね蛇、ライオン、鳥といった動物と同伴し、後期ミノアⅢの素焼き像では猿を産み落とそうとさえしている。戦士となって兜をかぶり、武装した女神も見つかっている。彼女は命と同様、死ももたらすのだ。船上に現われた女神は航海の守り神とみられている。

空から降りるとき、鳩の姿をとることもよくある。女神崇拝は、闇や太陽や月の信仰と結びつく。空や陸や海の世界に、さらに彼女は地獄の世界を加えて支配下におこうとする。彼女のそばに蛇がいるのは、その冥府の力を証明しているのだ。

3　一神教か多神教か？

女神のさまざまな属性を前にして、我々はミノアのただ一人の「母神」について語ることができるだろうか？　かつて人間の姿をした女神こそ、クレタの神的世界をあらわす唯一の形だと信じられた。だ

＊3 ギリシア語で、通常母神あるいは女神の子宮。

が地中海諸国のすべて宗教はヘブライ民族の宗教をのぞいて多神教なのに、クレタが一神教だとすると、島は妙な性格を帯びることになってしまう。そうしたことからニルソンの複数女神説が生まれた。すなわち母神がもっているさまざまな属性に対応して同じ数の女神がいるというのだが、その女神たちの名称も我々にはまだわかっていない。逆に後のギリシアの神々との同化さえ試みられているくらいだ。いずれにせよ、クレタの一神教説は捨てられなければならない。

男性の唯一神やホガースのいう「二元論的一神教」の存在を証明するものは、何一つ存在しない。「過去に何らかの男性神が現われた聖なる場面が、そのような意味で解釈されれば、反論がなかろうはずがない」（ピカール）。とはいえ男性神の力に与する理論はいくつかある。ある種の軍事的象徴（両刃斧、双葉の盾）に対する忠誠、豊穣の儀式への参加、雄牛や雌鳥にさえ認める権威等々は、クレタの信仰において男性中心の原理がきわめて早くから存在していたことを証明する。ディクテ山の洞穴からイウクタス山の墓所まで、クレタは実にゼウスの伝説に富んではいないだろうか？

男神も女神と同じようなさまざまな力を備えている。男神も天界から下り、大地を実り豊かにし、死をもたらす。彼もまた武装したり、動物たちを従えた姿で表現される。とはいえ彼の力は女神より劣ったままである。(4)

クノッソスに近いテケで収集されたキュクラデスの二重の偶像にも、人びととの関心はよせられた。クレタ産の象牙細工がミュケナイで発見されたが、そのなかには二人の女神が一人の子供と結ばれている像があった。母神にはしばしば二人の陪席者がたちあって表わされる。そればかりでなく聖所では、三分割が多い。たとえば供物の置かれたテーブルは通常三つのくぼみがあり、また三輪の百合の花は植物の女神の象徴である。このことからエーゲ的三位一体を想像するにはほんの一歩すすめばよいが、それを超えるのは用心しなくてはならない。

悪魔的存在（ミノタウロス、山羊女、鷲の頭のライオン、グリフォン・人間、甲羅をつけた怪物）も忘れてはなるまい。孤立したり、対をなしたり、列をつくったりしながら、これら奇妙な像によって、クレタの悪魔学は世界で最も驚嘆すべき研究対象となっている。これらの悪魔は、おそらく神と人間とのあいだに立つ介在役を務めているのだろう。しかし我々は仮面と衣装をつけた人間しか、そこに見ようとはしてこなかった。

II　信仰

クレタの神々がいまなお謎に包まれているが、彼らに対する信仰にも我々は驚かずにはいられない。

1　聖所

かつてギリシア人がその神々のために建てた神殿に、いかなる聖所も比肩し得たことはなかった。とはいうものの、発掘調査によって出土した膨大な供物（宝石、武具、彫刻）や宗教的祭具（聖なる器、献酒台、三脚床机）から、信仰に捧げられたさまざまな神域を特定することは可能である。

前期ミノア時代の新石器時代人にとって住居として利用されたのは、自然の洞穴であった。イダの傾斜地にあるカマレス、ディクテ山塊でゼウスが逃げ込んだといわれるプシクロ[*4]などは、その例である。

中期ミノア時代Ⅰに入ると、小規模な礼拝施設（木立を中心とした囲繞地、泉、岩など）が山のてっぺんに姿を現わす。パレカストロの北のペトソファス[*5]、イウクタス山、グルニアあるいはマリアでは無数の遺構が発見された。同じ頃建物の内部に礼拝堂が生まれた。フェストスの古い宮殿では、住居は三つの部屋からなり、そのうちの一つは奉献台、生け贄の墓穴、そして礼拝用の道具がおかれたベンチがあった。こうした礼拝堂が中期ミノアⅢにおいて栄光の頂点に達したことは、クノッソス宮殿をみればわかるだろう。いくつかの広間は東にむかってひらかれた三分割の配置で、柱は両刃の斧と奉献用の角で飾られている。王の居室にはすべて同じ配置が取り入れられ、聖所と禊ぎの部屋が付属している。

2　儀式

ディオドロスによれば、クレタ人は「神々に与えられる栄誉と、奇蹟のために捧げられる生け贄や秘技は我々が発明したものであり、他の民族は我々からそれらを借用した」と語っていたという。たしかに儀式は、ミノア文明において高い地位を占めている。

おそらくそうした儀式は、何らかの清めから始まったのであろう。清めは通常、クノッソスで発見された注ぎ口の長い水差しとか聖盤木によって、たんに手に水をかけることによって行なわれる。だが大祭においては、人びとは特別に用意された禊ぎの間に降りていく。

血まみれの生け贄は、祭儀が屋外で行なわれていた時代には、格別重要な役割を果たした。雄牛、山羊、雌羊、豚が殺され、捧げられた。芸術家は好んで雄牛の死の場面を描いた。重要な儀式のさいは、生け贄の数は九つにまでなった。とはいえ雄牛は図像においてのみ、捧げられることが多かった。ハギア・トリアダの棺画には、雄牛が台につながれ、その血が容器のなかに流れている図が描かれている。生け贄には、果物、穀物などの初物が子持ち壺に入れられて供えられる。人びとは大いに献酒にふけるが、そこに神秘的な意義があることは、牛頭を表わすたくさんの壺や聖杯が聖所にあることから明らかである。信徒を陶酔させるために香炉や、特殊な香料を炭火にのせる容器を使って、さかんに燻蒸が行なわれる。

踊り子の長い行列は、ミノアの大祭のなかでもとくに春の開花とオリーヴの収穫を祝う祭りを表わしている。随行の農民たちは田野に広がり、派手な服装の人びとは植物に潅水してすすむ。笛や竪琴の伴

＊4　ゼウスの母レアは、父クロノスから彼を守るためこの洞穴に逃れたといわれる。
＊5　ペトソファスではイタチや亀の粘土像や、クノッソスの円筒印章に似たものも発見されている。

奏でリズミカルだが野性的なダンスは植物の生育の営みを象徴する。この農業のサイクルが終わったとき、樹木は引き抜かれてしまったのかもしれない。

信仰に遊戯はつきものである。そして最も有名な遊戯は闘牛だ。といって牛を殺したりはしない。せいぜい突進してくるのを躱《かわ》す程度だ。例のクノッソスのフレスコ画が示すように、それは体操競技である。ブリッジの姿勢、危険な跳躍、均整を競うゲームだ。遊びと神秘的な儀式を愛する人びとが雄牛に捧げる、素朴な娯楽か？　あるいは野生の牛を狩るということか？　あるいはまたかつて動物を支配した母神の勝利を祀るということか？

3　死者の崇拝

ミノア文明の宗教は、地上での死のあと魂が生きつづけるということを知らなかったわけではない。死者は埋葬され、焼かれることはなかった。クレタ島中央部では集団的埋葬が好まれ、逆に東部は個別埋葬が採用されている。ミノス時代の人びとにとっては、死者は生きつづけて、前世で経験したのとほとんど同じような生活を送っていると考えられた。だから彼らは死者を最も日常的なもの（衣服、武具、護符、食器、さらにランプ）とともに埋葬したり、供物を取りかえたり、ときには生け贄を捧げさえしたのである。といっても死者が神格化されたとはいえない。イソパタの部屋付き「王墓」（後期ミノア時代Ⅱ）すなわち上部に聖所があるいわゆる「王‐祭司」の墓や、聖なる象徴を模して両刃斧が描かれた円形地下墳墓《トロス》[*6]すなわち円形平面とドーム（これについてはさまざまな説明がなされている）の墳墓の普及によって、おそらくは死者に対する恐れから生まれた葬祭の儀式について語ることが可能になった。(5) この信仰は中期ミノア時代に後退したが、後期ミノア時代IIからIIIにかけ、注目すべきトロスの増大とともにふたたび盛んになった。クレタ人はどのようにして埋葬後の死者の生に対する信仰を、それよりずっと後のミノスが支配する彼岸の世界の観念と結びつけることができたのか？　それは未解決の問題である。

III　司祭

祭儀の執行を主宰するのは、男性司祭ではなく女性司祭である。母系中心を指向する社会では、これは当然の傾向であるが、そればかりでなく万の神々のなかで最高の神として女性が神格化されたことの結果でもある。こうした傾向はある種のアナトリアの信仰においてみられるが、アルテミスを敬うエフェソスはその典型である。[*7]

*6　ミュケナイ時代の典型的な円形地下墳墓。古典時代からヘレニズム時代の円形建築物（通常神殿）をさすこともある。クレタでは上記イソパタのほかハギア・トリアダの王墳墓に影響を与えたと考えられる。

*7　エフェソスでは、アルテミスは非常に敬われていた。たとえば、月の一つはアルテミスの名前を冠しており、その月↓

クレタの女性祭司は建築物の図像に現われるが、胸のひらいたボレロ、動物の尾で結ばれている斑《まだら》の革のキュロットスカート、あるいは丈の長いドレスをまとい、三重冠を被り、両刃の斧を携行しているので見分けることができる。

聖職者としての男性は、男神が母神の後に加えられた関係で、遅れて登場した。雄牛の大司祭である王をのぞけば、彼らの役割は影が薄く、つまりは女性祭司の補助員にすぎない。彼らは女性祭司の法衣を着ることさえなかったか？ 一般的には彼らは帯のついた袖の広いマントを着け、「鎧のかたちをして」（ピカール）襞《ひだ》のあるスカートをはいているので見分けがつく。儀式によっては、彼らは仮面をつけることがあったかもしれない。

彼らはどのようにして集められ、教育されたか。彼らの価値観はどのようなものであったか、当時の社会のなかでどのような地位を占めたか……といった点に興味を抱く人がいよう。彼らをエジプトの祭司と比較したい、と思う人も多い。古代における彼らの名声は高く、ギリシアは彼らの学識に頼ることとなった。

ミノア文明の宗教の大部分は、我々にとって未知のままである。それがどのような影響を被ったか？ クレタ人のミノスとエジプト人のアピスとのあいだにある関係を、どのように説明するか？ シリアやアジアの豊穣の信仰とクレタの母神信仰との関係は？ そこに相互の作用、借用があるのか、あるいはたんなる一致は偶然にすぎないのか？

他方ギリシアがミノアの宗教に負うところは大きい。ゼウス伝説の一部、そしておそらくはデメテル信仰とその動物による寓意、農耕の祭事、遊戯などはミノアの世界から直接きているのである。

↓には丸一か月祝祭が催された。

第六章　ミノア芸術

クレタ芸術の歴史はミノスの帝国がたどった軌跡の反映である。すなわちそれは、新石器時代のよちよち歩きの時期から、前期ミノア時代の技術的審美的完成にむかってすすむ時期、そして中期ミノア時代の洗練された絢爛たる時期、さらに後期ミノア時代後半の希少だが退廃した時期と区分される。

クレタ人は何ものも疎かにはしなかった。建築、彫刻、宝飾、陶器……すべての分野で彼らは長けていた。彼らはごく平凡なもの（水差し、短剣の柄など）にさえ芸術的な磨きをかける術を知っていた。彼らの鑑識眼はいかなる政治的強制にも屈しなかった。クノッソスはミノス時代にクレタの首都だったとしても、島の芸術活動のすべてを吸収してしまったわけではない。フェストス、ハギア・トリアダ、マリア、グルニアでも、文化の中心は守られていた。オリエントはたしかに抗しがたい魅力的作用を島におよぼしたかもしれない。だがクレタの芸術家たちは、負けじと島固有のミノア的スタイルを生み出し、その栄光はギリシアにまで聞こえたのである。(1)

Ⅰ　新石器時代とミノア芸術の誕生

クレタ人は製陶においていて未熟だったにもかかわらず、おそらくアナトリアの影響（証明しがたいが）を受け、きわめて早い時期から高度な審美的価値をもつ陶器をつくりだした。新石器時代中期の地層からは、手で形づくられ、穴で焼かれた土器が現われた。それらは焼成によって黒と黄色に彩色され、亀裂に白い顔料あるいは赤い物質を埋め込むことによって強調された三角形やジグザグの刻線で装飾されている。クノッソスの一部の容器やティリッソスの平皿の土器は、このタイプに属する。一方粘土でつくられたり、凍石を刻んでつくった偶像は、きわめて凡庸な仕上げぶりを証明している。いずれも蹲ったり、座ったりした女性を表わしているが、そのなかから母神を見つけるのはそれほど容易ではない。準新石器時代[*1]には陶器に対して膨大な改良が施された。ピルゴスやクラッシで発見された遺物は、すでにこの頃の芸術が根本的に独創的だったことを物語り、あるいはその様式を「ピルゴス・スタイル」といってもよかったろう。しかしテッサリア第二文明[*2]の製品や、同時期のトランシルヴァニアと黒い大

*1　狩猟、漁労、採集を主、農耕を従とし、土器を使用した時代。
*2　テッサリア新石器文化Bと思われる。なおこの時代区分は、いまではギリシア全体に通じるように「初期、中期、後期、終末期」という基準にとってかわられつつある。SG, p.36.

地ウクライナで発達した芸術に匹敵するようなものは何もない。

II　古代ミノア時代と芸術

テッサリアのディミニ[*3]、ルーマニアのククテニ[*4]、そして新石器時代の中国から遅れて、クレタ芸術は前期ミノア時代に花開いた。(2) この繁栄においてアナトリアからの移住が果たした役割は大きい。それはクレタ島に、シリアとカッパドキアでつくられたシュメール・エラム文化の一部を導入するのに貢献したからである。さらに交易の流れも加わって、西アジアから来る物資は多様化していった。芸術は早くも著しい対照をみせた。ゼルヴォスはそこに二重の傾向を認める。

神を表わす偶像は、現実の単純化によって表わされる一方、新たに創造されたものは視覚的現実の固守によって表現された。

実際偶像が無数に増えた。プラタノス、テケ、クマサ、ハギオス・オヌプリオスの地では、偶像はキュクラデス様式から影響を受けた。いずれも顔の形が漠然として、目、鼻、耳はちょっと見ただけではわからない。首はとても長く、乳房らしきものの盛り上がりと特徴的な三角形〔腰の衣装を表わす刻線を指すと思われる」のある体、両脚はかなり不格好につくられている。素材はアラバスター、凍石、大理石である。

他方きわめて豊富な動物図像の表現には、リアリズムへの配慮があらわれる。壺類は鳥の形態を頻繁に採用する。注ぎ口は鳥のくちばしに対応し、両眼は横にある（前期ミノアⅡのヴァシリキ、ハギア・トリアダ）。宝石装飾や宝玉彫刻は、好んで昆虫を利用したが、水晶のカモ（モクロス）、黄金のカエル（クマサ）なども発見されている。また印章では猿たちが蹲ったり、向かい合ったりしている図があり（プラタノス）、雄牛が寝そべったり、鳥の顔だったりする場合もある（クノッソス）。こうしたモデルの起源は、多くの場合メソポタミアあるいはヒッタイトの作品群にさかのぼる。

この時代に支配的だった三つの芸術は陶器、金銀細工、宝玉彫刻である。

陶器が重んじられたことは、モクロスで収集された石の小容器の驚くべき収集品から知られる。プラタノスやプセイラでは、前期ミノア時代Ⅲにはいって二ないし四の部屋にわかれたタイプの塩入れが普及した。

＊3　テッサリアのヴァロス近郊にある新石器時代の集落遺跡。SG, p.244.

＊4　新石器時代後期の東ヨーロッパの考古文化。ククテニはルーマニアの地名で、他にトリポリエ文化またはククテニ・トリピリャ文化などとも呼ばれる。

個人主義の影響は氏族制度を崩壊させたが、それは家々から発見される多量の印章にはっきりと表われている。王や宮廷の王位の人びと、さらに一般個人が印章をもつようになり、契約書や購入した商品に押印した。その多くは象牙、動物の骨、凍石でつくられた平らな印判であった。それらの多くはメソポタミアの影響を伝えている。

またハギア・トリアダやハギオス・オヌフリオスの墓からは、たくさんの宝石類が発見された。水晶の首飾り（ハギア・トリアダ、前期ミノア時代Ⅲ）、同じく陶器や石の首飾り（メサラの墓、前期ミノア時代Ⅲ）、黄金、象牙、水晶の髪飾りやペンダント飾り、銅製の毛抜き（クマサ）、黄金のヘアピン（モクロス）などがその例だが、これらはクレタが海上覇権国となる以前に、すでに豊かになっていた証拠である。

この時代が終わるころ、クレタは前期ミノア時代Ⅲという変化の局面を体験した。いわゆるミノア文明の輪郭が表われる時代である。同時に陶器産業の決定的要因である轆轤《ろくろ》が出現し、銅九に対し錫一の割合で青銅をつくる合金が発明された。また島では独自の建築法が生まれ、以後クレタはキュクラデス文明から離れ、他のエーゲ海諸国を凌駕していくのである。(3)

Ⅲ　中期ミノア時代と芸術の拡大

中期ミノア時代に形成された文明には、キュクラデス＝アナトリアの古代芸術と比較するべきものが、何一つなかったのだろうか？　新たな人口流入はなかったのか？　実際そこに何らかの断絶はなく、新文明の開花があった。技術上の進歩と趣味の洗練によってクレタは、長い過去の遺産という優越的立場を得た。この島の芸術は自己に閉じこもるどころか、外的影響に敏感だった。そうした影響は、長いあいだ信じられてきたように、もっぱらエジプトからだけのものではなく、マリ宮殿の文書[*5]やクレタ島の墓所から収集されたバビロニア型の円筒印章が示すように、主としてアジアからの影響であった。クノッソスの王宮建築とマリやアッチャナの宮殿には否定しがたい類似が存在するのである。

1　建築

中期ミノア時代は、たしかにクレタの宮殿が建てられたときからはじまった。これらの最初の宮殿は、中期ミノア時代Ⅲすなわち前一七〇〇年に破壊されるが、そののち再建されることとなる。厳めしい均整など一切ない。回廊でつなげられた広間がつぎつぎと並置され、統一に対する配慮は完全に無視された建物だ。だが重ねられた陸屋根、柱廊の列柱、壮麗なポルチコからは驚くほど魅力が生まれる。ここでは快適さに対する関心や安らぎへの近代的な趣味が、ギリシア的な大建築の起源となった対称と

＊5　シリアのユーフラテス中流マリ遺跡から出土した文書類。HS, p.1059.

配置に打ち勝っているのだ。たとえば平板な屋根、中央の列柱で支えられた水平の梁、小さな中庭あるいは採光と通風にそなえた「光天井」、水道など、他所ではみられない利便性が建て主に与えられる。クノッソス、フェストス、マリアには素晴らしい住居が建てられていた。フェストスの場合、城塞は三層に重ねられ、入り口は西向き、望楼、各個室は一二本の列柱の回廊に接している。

マリアの宮殿は長さ一一〇メートル、幅八〇メートルでフェストス宮殿を思わせる。中期ミノア時代初めに一気に建てられ、中期ミノア時代Ⅲに再度占有されたこの宮殿は、クレタ中央部の諸宮殿と同様の配置を採用した。すなわち中央の中庭を中心にいくつもの長方形の広間が並んで集められている。西側には柱廊玄関(発掘の結果、各入り口にはそれぞれ外壁があることが分かった)があり、それは稜堡でまもられ、長さ約一二メートルの長い回廊に通じている。そこを抜けて二つ目のやや狭い入り口につくと、そこは敷居が一段と高くなっていて(これはつねに安全への配慮である)、さらに南北に走る青天井の回廊があり、その西側は店舗と厩舎がならぶ。別の仕切りは貯蔵室である。宮殿の北西の角には清めの場がある。北側は大きな四角い部屋があり、中央部が二列六本の柱で分割されている。別の玄関から四角い通路を回るといくつかの広間が集められている。東には大きな倉庫、南には細長く狭い店舗で、その床には固められた土間と円形の貯水槽がある。中心の中庭は長さ二二メートル以上である。

マリア宮殿の構図は、クノッソス宮殿の略図にしかならない。クノッソスこそ、「クレタ建築の総合」(グロッツ)なのだ。

中期ミノア時代Ⅰに建てられ、前一七五〇年に破壊され、中期ミノア時代Ⅲに再建され、さらに後期ミノア時代に復元されたクノッソス宮殿も、中央の大きな中庭を囲んで四つのセクションがある。西の棟は縦の廊下で区切られ、そのなかの一方はオリーヴ油やワインの入った樽などの宝物が山積みされた倉庫の列が、他方は玉座の間に接する客間の列が並ぶ。中庭は、東西二つの棟をへだて、庭自体は東西を走る回廊によって分割される。北のセクションは王室の工房とその付属の部屋をふくみ、そのうちいわゆる「劇場の間」は、実際には水回りに必要な導管と貯水槽を納めていたようだ。[*6] 南側は王や女王の個室、居間、寝室がならび、それらの配置は「両刃の斧」の間と向かい合っている。柱廊玄関、しばしば直角に曲がる回廊、列柱に支えられて屋内の通路につづく階段、部屋の連続、……こうした網の目のような錯綜のすべては、たしかにミノタウロスの迷宮を連想させる。だがこの宮殿をダイダロスが建てたという迷宮と同一視する見解は、今日疑問視されている。

君主の居所はおそらく三層からなり、とにかくたくさんの付属建築があった。それらは野外劇場、より簡素な王の住居、小宮殿のほか、宮廷人の住む個室、王の別邸（離宮）などである。グロッツはその著『エーゲ文明』において語っている。

＊6　おそらくマリアの場合と同様西北部にある「禊ぎの場」と接する部分かと思われる。VC, p.158, 178.

無数の部屋から部屋へ簡単に行き来できること、安楽というきわめて現代的な要求に応えられるような配置が採用されていること、さいごに演劇的絵画的にしたたかな趣味が、壮麗な入り口や重なり合った優雅な屋根の結構や、あるいはいたるところからかいまみえる上品な光景などと快く折り合っていること……そうした独創的で力強い特徴を、クノッソス宮殿は明示している〔GC, p.140〕。

クノッソスより質素だが、ハギア・トリアダで発見されたような別邸には、階段、支柱のある居間、光天井があり、これらもまた主人の趣味の良さを示している。

2 絵画

君主の住居は、動・植物界から啓示を受けた芸術家たちのおびただしいフレスコ画で飾られている。たしかに中期ミノア時代に入るや、彼らは華やかな色彩で壁の漆喰に絵を描き始めた。石灰層の塗装に肌理《きめ》のこまかい化粧漆喰の塗料を使うことによって、より繊細な装飾が可能になったからである。最も古い壁画は、中期ミノア時代IIにさかのぼるとされるクノッソスの「サフランを摘む者」であろう。やはりこの絵も第二の宮殿に関連づけて、そこに最初の敷地の家にいるように青い猿をみようとする傾向があったのかもしれない。[*7] クノッソスのフレスコ画のある家で、この絵は葦や百合のなかにいる青い鳥や、南国の景色のなかで飛び回る猿が描かれて、のびやかに展開した〔ミノア中期時代IIIb〜後期ミノア時代Ⅰa)。ハギア・トリアダでは、主題は突進する牛であり、逃げていく野ウサギであり、大雷鳥を狙う猫となった。描線は精確、ポーズは自然、色彩は生命感にあふれている。中期ミノア時代Ⅲ頃から、動物がいる場面は少なくなり、風景も姿を消していく。画家はフレスコ画の描写を信仰の儀式に限り、人物像を最優先するようになった。

3 彫刻

大きな彫刻はまだ存在しない。芸術家は小さくて動かしやすいものに執着し、素材としては凝灰岩や大理石よりも凍石、粘土、象牙を好んだ。人物像の大半は偶像であるが、オリエントとちがって、それらが表現する宗教的感情はつねに慎ましやかである。とはいえピスコケファロには、島外からの影響が見てとれる。深い帽子で覆われた顔や、片手を肩に、もう一方の手を腹にあてた女性など、この地の神殿から出たテラコッタの像は、近隣の地域とはかなり無縁の作品であり、しかもペトソファスの工房の作風とは対立している。

---

*7 この部分は、周囲の景色は似ているが少年ではなく猿が描かれている別の絵のことを指している。一九六九年にテラ(サントリーニ)島のアクロリティ遺跡で発見されたその絵から、クノッソスも同様、エヴァンズが復元したような少年ではなく青い猿に訂正された。作者は、議論の多いこの絵について態度を決めかねているかに見える。GT, fig.40 ならびに FC, fig.27.

4　陶器

陶器には、各地の宮殿の工房から新たな刺激が与えられ、そのため技術上の改良が実現された。それらは青銅器職人や金銀細工職人たちの仕事から着想された改良だった。素地土《きじつち》は回転盤で延ばされるようになり、澄んだ黄色、鮮紅色、乳白色などの新たな顔料が発明された。ハギア・トリアダ、フェストス、クマサでは彼らは、器物の内壁に素地土を流し込み、無数の偶然の凹凸や浮き彫りが表面に出るようにした。中期ミノア時代IIでは、エジプトの影響から、厚い琺瑯びきが広く普及した。唐草模様や、おそらく北方からきた螺旋が装飾の要素として用いられた。植物や海の生物（魚、蛸など）も、芸術家にインスピレーションを与えた。こうしてまずカマレス様式が生まれた。この様式はフェストス宮殿の壺に見いだされ、クノッソス宮殿の財宝に彩色陶器の大部分をもたらした。カマレス派は初期の宮殿と結びついて発展した。そこでは着想の自在さが大切にされ、赤や青が製作者の思うがままに使われ、リアリズムとイマジネーションの境界で一つの世界を生み出した。後期宮殿の建設期に入ると（中期ミノア時代III）、急速に回転する轆轤《ろくろ》が発明され、新しいスタイルがカマレスにとってかわった。この様式の狙いは、デッサンの精確さである。歴史家たちから自然主義、あるいはリアリズムの名称を与えられたこの様式は、後期ミノア時代までつづくこととなる。名作として挙げられるべき作品には、クノッソスの陶器製タイルで、母牛をなめる子牛、子山羊に乳を与える母山羊、クノッソス宮殿の礼拝室で発見された陶器の肖像などがある。そのうち「蛇を持つ女神」では、女司祭が大きく胸の開いた姿で高々と三重冠をかぶり、襞《ひだ》のあるスカートに刺繍で縁取られたエプロンを着けている。いずれもリアリズムと精確な細部による驚嘆すべき作品である。

5　金銀細工と宝飾

クレタの金銀細工師は、黄金と銀の仕事において親方として通用する腕前をもっていた。彼らは宝玉を台座にはめ込んだり、青銅に象眼をほどこしたりする術を知っていた。マリアから出土したのは、まず蜂のペンダントである。金の宝飾品で、二匹の蜂がむきあっている作品である。さらに曲芸用の剣（柄頭の下面中央にある窪みのまわりで、芸人が側転をしている小像がある）も出土した。クノッソスで発見された小さな金細工も、名品とみなくてはならない。宝飾の彫刻技法の改良点はあまり大きくはない。クノッソス出土で中期ミノアⅡの凍石や、同時期のモクロス島の赤色縞瑪瑙、水晶などが、象牙にとってかわる傾向にあった。

Ⅳ　後期ミノア時代と芸術の頂点

ミノア芸術は、前一五八〇年から前一四五〇年にかけて最高潮に達した。そうした繁栄は、クノッソスの王の支配下になされた島の政治的統一と、関係づけられるべきであろうか？　あるいはセヴェランが提起しているように、アジアから何らかの新たな貢献があったのか？　あるいはまたミノア社会の変容があったのか？　いずれも確定できない問題である。後期ミノアIの栄光は、新石器時代末以来つづいたクレタ芸術の発展の論理的帰結である。たしかに芸術家たちの顧客に、我々は二つの層をはっきり見分けることができる。すなわち君主、メセナ、富裕層のためには、彼らは精魂込めて製品をつくる。ここでは繊細で細やかで、洗練された仕上げがなされる。他方供え物の小像を求める貧困層の顧客に対しては、仕事は凡庸にして拙速、技術的改良はほとんどなされていない。

1　建築

美観の改良は宮殿にかぎられなかった。クノッソスで発見される陶器のタイルなどからわかるように、家々の壁は切石積みでつくられ、上部は煉瓦づくりが多くなった。正面玄関は十字枠となり、しばしば三層建てで屋根はテラス状になった。

2　絵画

絵画は「王‐司祭」と「パリジェンヌ」によって絶頂期に到達した。前者は長髪の君主が羽の帽子をかぶり、たくさんの百合に囲まれている絵であり、正確にはクノッソス宮殿を南北に走る通路で、後期ミノアIの画家によって化粧漆喰の上に描かれたものだ。「パリジェンヌ」のほうはまったくの肖像画らしいが、いくつかの人物像がならぶフリーズの一部をなしていた。袖無しブラウスにボレロを着て跳ね回っているフレスコ画中の「踊り子」の動きが、なんと見事な精確さで再現されていることか！

3　彫刻

小像はクノッソス、ハギア・トリアダ、フェストス、ティリッソスで数多くつくられた。たとえば青銅の馬や牛の像。奉献用の小彫像は多くの場合石でつくられ、形は依然として稚拙である。後期ミノアⅠのクレタの制作では、パレカストロが独創性を保っている。

4　陶器

陶芸は非常にしっかりした仕上がりの域に達したが、装飾においては自然主義がさかんになった。なかでも最も有名なのは、グルニアの植物的装飾の模様があるテラコッタである。ザクロスの聖杯は貝殻、プセイラはイルカ、パレカストロは花でそれぞれで飾られている。グルニアの鐙つきの壺は横腹で素晴らしい蛸が泳ぎ、陶芸における自然主義の最高点を示す。「その眼、その開いた口、大きく開いた吸盤のよじれた触手は、驚くほど見事にこの生きた題材を思い起こさせ、芸術家がそこからインスピレーションを受けたことはまちがいない」（ヴァルツ）。プセイラの籠型の器には両刃斧の飾りがある。

5 宝飾

動物の図像はますます豊かになり、牛や鳥にグリフォンや馬が加わった。凍石は影をひそめ、プレソスの縞大理石、モクロスやヴァティア・ペディアドスの蛇紋岩、玉髄、赤鉄鉱が優勢になった。

これらすべては、東地中海におけるクレタの海上覇権が最高潮に達した時代の素晴らしい成果なのだ。

V クレタ芸術の衰退

後期ミノア時代Ⅱ期のクレタ芸術について衰退という言葉を使ってよいのだろうか？　フレスコの細密画は見捨てられた。陶器の装飾では、人物や動物は因習的なこわばった姿勢でかたまった。宝飾は着想の新鮮さが失せた。

だがこのような衰勢は相対的である。後期ミノア時代Ⅱに対応するのは「闘牛士」や「行列」であり、とくに前者は人物の動感と場面を活気づけている生命感が素晴らしい。後者からは表情の清純さと姿勢の正しさによって「壺を運ぶ人」が際立っている。カトサバス〔クノッソスに近い遺跡、別名カイラトス遺跡〕地下墓地の水差しや甲冑が描かれたアンフォラや雪花石膏の法螺貝、カリヴィヤの魚、イエラペトラとグルニアの小箱、ザフェル・パプラの青銅製の剣もこの時代に属する。最も美しいのは祝福のしぐさをみせる母神の図で、後期ミノアⅢの作品である。

この時期クノッソスの宮殿には、玉座の間が加わるようになった。縦溝付き円柱の使用が一般化し、新たな建築上の新技術が導入された。

にもかからず想像力は底はつき、ミノア芸術はこれらの宮殿を超えて生き延びることができなかった。

VI　ミノア文学の問題

ミノア時代の人びとは、文学をもっていたろうか？　芸術を愛し、音楽に熱狂し、踊りに才能を発揮する民族に叙事詩人や吟遊詩人が欠けているとしたら驚きである。オリエントにはギルガメシュ叙事詩の作品群がすでに存在しているし、ギリシアでまもなくホメロスの詩が生まれようとしているのだ。ミノアに詩は存在したのだろうか？　あいつぐ宮殿の火災で、永遠に消失したのか？　パピルスや木片などのもろい素材の上に書かれて、それは風土的環境か時間の浸食作用の犠牲になったのか？　それは純然たる口承文学だったのか？　誰にもそれはわからない。いかなる痕跡も、いかなる記憶も残っていないようだ。フレスコ画も印章も彫刻も、一人の吟遊詩人も一人の作家も描いてはいない。我々は新たな発見を待たなければならないのかもしれない。音楽も、楽譜の体系が現存していないので（音楽があったことは証明されている）永遠に未知なままだが、それ以上に不幸なミノア文学は、まったくの謎としてのこされているのである。

第七章　ミュケナイ文明とドーリア人の貢献

前一四〇〇年以後のクレタの凋落は、エヴァンズが考えたほど全面的ではなかった。たしかに島はミノア時代の華やかさは見られなくなったが、アカイア人の貢献はささやかながら有益だった。ドーリア人の征服は島の運命をいささかも損なわなかった。その最良の証は、「暗黒の世紀」のあとの錯綜した時代における芸術的再生（前八世紀末から前七世紀末）ではなかったろうか？　アルカイック時代のクレタは、ミノア時代のクレタの陰であまりにも長いあいだ無視されつづけた。とはいえドレロスの遺跡は、クノッソスに劣らずほとんど同じくらい考古学者に貢献した。(1)

Ⅰ　アカイア人の貢献

シュリーマンがミュケナイ文明を発見したとき、歴史家はその文明の起源の問題に直面した。エヴァンズは、アカイア人とクレタ人をむすぶ絆をクノッソスに求めた。彼はクレタ人をミュケナイ人の支配者とし、大陸をミノアの植民地とみなした。この見解はのちに大幅に修正されることとなる。ブレーゲン[*1]など一部の学者によれば、大陸で発見される明らかにミノア的スタイルの作品は、実はアカイア人がクレタから盗んだ作品か（とくに前一六〇〇年の破壊の責任はアカイア人が負うとされる）[*2]、あるいはクレタの職人が島から連行されてギリシアの地に引き留められたり、もしくはミュケナイやティリンスの王の要請で島から招かれたりして銀器や指輪の爪に腕をふるったときの作品だろうとしている。一方ウェース[*3]は、コリントスとヴァフィオ［スパルタ近郊］でいかなるクレタの陶器にも対応しない独特の陶器を発見した。あるいはこれが、エジプトをふくむ複数の市場でクレタ陶器にとってかわったのかもしれない。そうした議論はさておいて、一つの事実が残っている。すなわち自分たちの独創性を守ったにせよ、アカイア人は間違いなくクレタ人の弟子だということだ。

逆にアカイア人は、ミノスの島で支配権を確立したのち、いったいそこに何をもたらしたのか？　彼

＊1　カール・ウィリアム・ブレーゲン、一八八七〜一九七一年。アメリカの考古学者。エーゲ海沿岸の新石器・青銅器文化の研究者。

＊2　クレタ島の破壊についてはいろいろ説があるようだが、カナダ人考古学者サンディ・マックギリヴレイ氏は、前一五〇〇年頃のテラ島の噴火で、二三メートルの津波が島を襲い壊滅的打撃を与えたと指摘している。VC, p.25.

＊3　アラン・ジョン・ベイヤード・ウェース、一八七九〜一九五七年。イギリスの考古学者。ミュケナイの発掘で有名。

の広間か？　玄関から入るあの四本の柱の丈の短い麻の寛衣《キトン》か？　髭をたくわえる習慣か？　あるいは新たな方言か？　クノッソスの粘土板が月の名称や吉凶の日を示すあのカレンダーか……。

新たな政治制度が、島に根づいた。ピュロスと同様クノッソスの粘土板も、王《ワナックス》に言及している。これはミノス王の後を継いだ王で、ヘクタイ[*4]と呼ばれる地主・貴族出身の軍人に囲まれ、彼らに王としてのさまざまな任務の指導や軍の指揮を任せている。島はいくつかの封土に分割されていたらしいが、その規模は不明である。各封土は臣従の絆でバシレウスという封建領主と結ばれ、バシレウスはワナックスに従属していた。

ピュロスの粘土板によって明らかにされた組織がクレタ島では採用されなかった、と考える根拠はまったくない。所有地は当時すでに世襲領地や共有地として分割されていたかもしれない。

宗教は、ゼウス、ヘラ、ポセイドンあるいはアテナといった新たな万神を受け入れ、これらの神々の名は線文字Bの資料にも現われている。さらに「風の女性祭司」の命令やあらゆる神への献辞もみられる。王は依然として宗教的機能を固持し、人びとは穀類、ワイン、イチジク、蜂蜜の寄進をつづけている。女性司祭の地位は、まだ失われてはいなかったらしい。

経済的領域では牧畜に補完された農業が、いったんは放棄した地位を回復しはじめた。クノッソスの粘土板には、小麦、大麦、豆類の名がたびたび挙げられる。羊類は毛織物産業の原料を供給した。毛織物産業はアカイア人の征服の被害をまぬがれ、これら羊類の名称のいくつかは、今日までのこされている。

他方芸術は著しく衰退した。ミュケナイとの通商に新たな市場がひらかれ、それは大量生産の方向にすすんだ。その結果装飾芸術は陶器において硬直し、宝石類の研磨は雑になり、小像は重苦しく、荒っぽくなった。といって芸術が完全に失われたわけではない。後期ミノア時代Ⅲにつくられたイソパタやザフェル・パプラの墓には、有翼のスフィンクスを描いた象牙の柄、市松模様の器物など、なお東洋的影響下にあって洗練された面を保つ芸術がみられる。エジプト第十八王朝との交易があったことは、何点かのスカラベや象牙細工によって証明されている。

とはいえそれらは、ミノア文明時代の芸術の繁栄には及ぶべくもない。新たな征服者たちは「ただ腕のいい労働者でしかなく、彼らの跡を継ぐのは凡庸な労働者たちだった」（グロッツ）。この戦争中心の社会では、陶器よりも武器のほうが重要なのだ。

たしかに武器はかなり強化された。クノッソスの収蔵品目録から、王《ワナックス》は二人一組（御者と弓矢の射手）で操られる戦車を四〇〇台以上所有していたことがわかる。衰えたとはいえ海軍もまだ重要な戦力で、トロイの遠征ではクレタは八〇隻の船を供出した。島は船員、傭兵をミュケナイ世界に送り出した。だがいまや島の地理的条件を生かして、クレタが海上覇権を握り、侵略の企てに挑戦できる時代ではなかった。

＊4　ワナックスは前十四〜前十三世紀にかけて大陸のギリシアで勢威をふるった王。ミュケナイの宮殿の主という説明もある。CPH, p.496.

II ドーリア人の貢献

ドーリア人の侵入の実態は曖昧で、その経過は模糊としているが、それによって島に新たな制度が持ち込まれたことに疑いはない。

新たな制度が現われ、征服者ドーリア人は三つの部族に分散した。さらにヘタイレイア（兵士の共同生活体）やギムナシオン（体育場制〔軍事教練を目的とした体育場で、各都市がもつ重要な施設〕）が創設され、古くからの住民は奴隷か劣格市民《ペリオイコイ》の地位に格下げされた。こうした人びとはとくに島の東部で暮らすこととなった。

ドーリア人がクレタに鉄をもたらした唯一の民族だったという説は疑問視されている。おそらく鉄は、前一四〇〇年頃からその製品が出回りだしたカッパドキアから到来したのであろう。鉄はヒッタイト帝国が解体したのち中近東に入り、ついでクレタ島にやってきたため、ドーリア人の侵入と鉄の普及が混同されるようになった。鉄器は生活条件を根本から変え、最初の剣が後期ミノア時代IIIの末に現われた。

ドーリア人はさらに二つの新機軸をもたらしたとされる。一つは神殿の建設である。それまでミノア人やアカイア人にとって王権は神聖な者であり、儀式は宮殿の中で執り行なわれた。もう一つは火葬の導入である。これに対し、幾何学模様のスタイル（器物の表面に図式化された人物や動物を描いたことや、幾何学的な線を普及させたこと）をドーリア人がもたらしという説には、議論の余地がある。人びとは急激な変革を捨てて、ミュケナイ様式から後期ミュケナイ様式へ、さらにそこから前九〇〇年頃までに支配的となる原幾何学様式へと時間をかけて変化の道をすすんだ。それを受け継いだ幾何学様式もまた、前七五〇年以後東洋化の傾向に歩を譲った。P・ドマルニュによれば、クレタの幾何学様式はドーリア人のそれになんら負うところはない。むしろそれはミュケナイ的伝統と東洋的影響を組み合わせつつ、キュプロス的様式に結ばれていったとされる。

Ⅲ　クレタのルネサンス（前八〜前七世紀）

前八世紀から前七世紀にかけて、古代クレタ島はかつての栄光の一部を取りもどす。このルネサンスが実現したのは、ナウクラティス－ロードス－クレタ－キュレネ－ターラント－ジェラの交易ルートがキュプロスを介してシリアと混じっていたせいであろうか？　いずれにせよそこに、オリエントの貢献があったことは確かである。ドマルニュは三つの連続的な潮流を区別する。すなわち、

ａ）後期青銅器時代Ⅲではシリア－フェニキア世界の影響が支配的であった。したがってミュケナイとクノッソス、ラス・シャムラとエジプトとのあいだに、レヴァント－ギリシアの陶器芸術や、キュプロス－ミノアの彩釉陶器が示すような文明上の統一があったといえるかもしれない。

b）ついで幾何学的様式の芸術が生まれた。これはドーリア人のつくったものではなく、ヒッタイト人かアラム人のシリアから、キュプロスを介して入ったものだろう。おそらくクレタは、近東が最初にギリシアと接した地であった。このシリアの影響が刺激となって、クレタのダイダロス伝説が生まれたのである。

c）前七世紀末から前六世紀初頭にかけて今度はエジプトのサイス〔ナイル・デルタ西側の古代都市〕とフェニキアが、キュプロスとイオニア諸島を介してクレタに陶器の原型をもたらした。ダイダロスはこのルネサンスの象徴であった。A・ルンフが示したとおり、工人「ダイダロス」は神話の人物と区別されなければならない。彼には少なくともディポイノスとスキリュスという、自分と同じくらい才能豊かな二人の弟子がいた。テラコッタ彫塑と石の彫刻は新たな発展をとげた。空洞の鋳型の鋳造によって、根本的な改良がなされた。彫像作家は何点か重要な作品を遺してくれた。ニューヨーク美術館にある「クレタ人の顔」（前七世紀初頭）、エレフテルナの上半身像、オーセール博物館所蔵の小像「女性」、さらにドーロ・レヴィ[*5]によって最近発見された「女性の群像」などの作品である。当然ながらそれらのすべてがダイダロス派の彫刻であるわけではない。彼らにかんする伝説はたしかに形成されたが、それと似た伝説はイダ山のダクテュロス派にかんして存在しており、こちらの工人たちこそがクレタ人が青銅器文化をつくったとき（前二〇〇〇紀前半）と同じように鉄の仕事を最初に手がけたのである〔BS, p.268〕。クノッソスの三脚床机、アルカデスの陶器、パレカストロの盾のスフィンクスなどはたくさんの芸術の中心地があったことを示す。建築はイオニア式とドーリア式のオーダーのあいだで逡巡していた。アルカデスの柱頭は最も古いものに数えられ、おそらく島がイオニア式の影響を受けはじめた時代に対応する。デロス島では前八世紀にさかのぼると思われる神殿が発掘された(2)。

これほどの輝かしい芸術が存在した証拠がありながら、その輝きは前六世紀に不可解な理由で、突如として消えてしまった。

とはいえかつて統一的だったミノス王朝は消滅して、かわって無数の小都市国家群が現われた。ゴルテュン、イタノス、エレフテルナといった小国家は、ホメロスを驚嘆させた。このような古い起源をもつと思われる都市の急増の原因は、いったい何だったのか？　それは不明だ。しかしこの小都市化は、クレタの政治的運命にとって重い桎梏となったのである。

＊5　一八九九〜一九九一年。イタリアの考古学者。二十世紀のエーゲ海諸国、とくにイタリア、ギリシア、トルコを中心に実地調査。クレタ島ではフェストスの発掘に尽力した。

第八章　古典主義時代ならびにヘレニズム時代のクレタ島

ドーリア人の侵入はクレタ島の外観を数世紀にわたって固定してしまった。前一二〇〇年以降、壮大な伝説に捕らわれ、地理的あるいは経済的ばかりでなく政治的にも孤立化に追い込まれたミノスの島は、ひたすら過去に閉じこもった。

ギリシア本土の哲学者や歴史家が前四世紀のクレタ島を見いだしたとき、彼らが島の制度や風習のなかで賞賛しあるいは攻撃したのは、ドーリア人伝来の遺産すなわち古代ギリシアがかつて受容したものにほかならなかった。つまりクレタ島はこの遺産を手つかずのまま保存し、その後につづく僭主制や民主制の形態を知らずにいたのである。

I　前五世紀初頭のクレタ島

1　統一と分裂

クレタ島は、ホメロスが語った無数の都市からなる島のままだった。フェストスの凋落ははじまっていたが、クノッソス、ゴルテュンはあいかわらず最大の都市であった。

いかなる絆が、これらの都市を結びつけていたのだろうか？

まず考えられるのは、キュプロス島の諸王国間にあるような関係である。たとえば外敵に対して団結する必要性から生まれた、緩くて一時的な性格のこの関係では、ある一つの国に他の複数の国が服さなければならない。

さらにクレタ島には、宗教的な統一があった。神々は、島全体に共通だったからである。また諸都市間の交流は、法的な面でも表われていた。

しかるに山が多いクレタ島では、地域的閉塞が助長された。島民の多様化が原因で人種的反感がうまれ、島全体の支配権を握ろうと、都市と都市のあいだで対立が生じた。古典主義時代のクレタの都市はたえず戦闘状態にあったというグロッツの説[1]には距離を置くとしても、クノッソスとゴルテュンは早くから激しく争い、キドニアがそれを利用したことはたしかである。

2　社会

この時代のクレタの都市の内部は、きわめて階級化された社会であった。まず頂点には少数の市民がいるが、彼らの多くは征服者ドーリア人の子孫で、集団的原理に従っていた。市民のあらゆる教育は兵士の養成を目的としていた。

各市民は、アンドレイオンあるいはシッシティオンという共同会食に劣格市民とともに参加しなければならないが、その会食の費用は国が負担した。

両市民は戦時には戦友となるいわゆるヘタイレイアに属するが、働くなくてもよく、国の領地を耕作する農奴か、市民の私領に割り当てられた農奴によって養われていた。農奴の呼称はクラロタイ、アファミオタイ、モロイタイなどさまざまである。彼らの生存条件は、悲惨というにはほど遠かった。農奴については、アリストテレス、ストラボンなどの文章や、ヒュブリアス[*1]のような古典注釈者が我々に教えてくれる。スパルタやテッサリアと同じくクレタ島でも、農奴となったのはドーリア人の侵略以後自由と土地を失った地主たちだった。彼らは農地の収穫から主人の部分を差し引き、残りを自分のものとすることが許されていた。また家畜を飼育し、貯蓄をすることも認められたが、土地を所有することは禁じられた。借地人としてしか農地を利用することができなかった。武具の所有も禁じられ、ギムナシオンも彼らには閉ざされていた。大陸と違って、彼らはクレタ史上一度として反乱を起こしたことはなかった。のみならず各都市は、戦時に近隣のクラロタイに反乱を煽ってはならないという、暗黙の了解が存在していた。こうした農奴制は、クレタの社会構造の基礎をなしていたのではないだろうか？[2]

農奴ばかりでなく奴隷もいた。奴隷《ドゥロイ》の環境はずっと厳しく、彼らは家の役務に縛られていた(3)。市民と奴隷のあいだにもう一つ、ヘタイレイアから阻害された自由な人びとが大きな集団を形成していた。彼らは政治的権利をもたず、アペタイロイと呼ばれていた。その出自はさまざまで、市民権を喪失した者、農奴、あるいは解放された奴隷、外国人などであった。土地所有から締め出されているだけに、彼らの商活動における役割は大きかったようだ。ギリシア世界においては原則として、市民でない人間は、何人も土地をもつことはできない。通常アペタイロイは都市の特別な区画で暮らし、また港にも大勢みられた。彼らは有名なクレタ出身の弓射手や傭兵を、ヘレニズム世界に送り出したが、多くは私掠《しりやく》に走った。

3 制度

クレタの都市は二つの選挙母体によって統治された。コスモイと長老会《ゲロンテス》である。[*2] コスモイのメンバー一〇人は、氏族《スタルトス》を構成する特権的な家系から選ばれる。議長は部族にとって名祖《なおや》

＊1 生没年不詳。クレタの詩人、古典注釈者。農奴の身でありながら、槍と剣と盾をもってその指導者になれたことを唄った詩が遺されている。

＊2 以下の政治制度の記述は明らかにアリストテレス『政治学』の第一〇章が基礎となっているので、訳はそれに従うこととする。AP, p.80.

的な執政官職を認められる。議員の任期は一年わずかだが、かなりの市民的かつ軍事的な権能をもつ。風習、財政状態、外国人の地位などに対する彼らの規制を、誰も逃れることはできない。任期を終えると、彼らはゲロンテスすなわち長老会に入る。この会員は終身制である。長老会は政治の中枢であり、発議権をもち、クレタの社会制度において重要な地位を占める。

広場《アゴラ》で開かれる「民会」には、あらゆる市民が参加できるが、法案を議論することはなく、その諾否を決める権限だけをもつ。かつては民会は、もっと広い力を行使したのだろうが、古典主義時代にはそれは失われた。概して重要な公権は、伝統的な市民的平等を破壊した少数の名門の手に握られてしまった。クレタの諸都市は、みな寡頭制によって支配されるようになった。とはいえ前四世紀になってこうした貴族階級は、政治から閉め出されて過激な解決に走る民主派を、考慮に入れなければならなくなるのである。

4 文化

前八世紀から前七世紀にかけて輝かしい復活をとげたクレタ島は、その後退行していく。前六世紀のクレタ芸術にはもはやかつての活力はない。建築家、彫刻家、青銅職人、小像彫刻家らは、霊感も創造性も失った。陶芸技術ももはや進歩せず、ゼウスの顔を競って打刻する貨幣も凡庸なものばかりである。ロードス島同様新たな状況に対応できないクレタは、シキュオン、コリント、アルゴスにとってかわられた。神話的な叙情も停滞した。クレタがギリシアに音楽の手ほどきをしたとしても、ゴルテュンのタレータス[*3]は島に後継者を残さなかった。アルファベットの文字をいろいろに傾けた音符の体系を発明したのは、ギリシア人であってクレタ人ではない。医学は、かつてクレタ人がエジプト人より進んでいて、この学問を経験医術や迷信から解放した学問だが、いまや進歩の歩みを止めてしまった。宗教も硬直化した。時を同じくして法文が倍増し、クレタの政治・社会組織を、いまや自由が失われた司法の網に閉じ込めてしまった。ゴルテュンの碑文[*4]のうち最も古いのはアポロン・ピュティオン神殿の銘文で前六世紀に、最も新しいのは前五世紀初頭にそれぞれ遡る。

このような閉塞状況は、対外的にはクレタ人の移住の衰退に表われている。クレタ人の姿は「シチリアの」ゲラ、アグリジェント以外には、ほとんどみられなくなった。ナウクラティスでは、アイギナ人がクレタ人に代わり、別の地でも逆流現象がおこった。

前五世紀初め、活動がこのように麻痺した原因を、我々はどこに求めるべきか？　P・ドマルニュが芸術にかんして指摘したように、ドーリア派と純クレタ人とのあいだの葛藤の犠牲となった島が、古代

＊3　生没年不詳。抒情詩人。七弦のキタラの旋律法がなかった時代に、クレタからスパルタに音楽の基本を伝えたといわれる。

＊4　碑文の代表的なものはゴルテュンの古代音楽堂で発見された。六〇〇行の石碑の銘文はドーリア語の方言で書かれた法典で、当時のクレタ人の習慣が法文化されている。VC, p.167-168.

の一定の形態を乗り越えられなかったということだろうか？

II　前五世紀と前四世紀の対外関係

前五世紀から前四世紀にかけてクレタは閉じられた島の外観を呈し、ヘレニズム世界を動かす大きな流れから距離をおいた。クレタはアテネの海洋同盟に呑み込まれなかった。スパルタの覇権によって、免除されたからである。クレタはシチリアの進出も知らなかった。「ヘロドトスやクテシアス、トゥキュディデスによって伝えられているさまざまな戦争の逸話、ピンダロスによって称えられているクレタ人のオリンピックにおける活躍、半ダースにおよぶ碑文の資料(4)……」、以上がこの時代のギリシアとクレタの関係の痕跡のすべてである。

もちろん孤立は全面的ではなかっただろう。

それは絶対にあり得ない。地中海のルートの交差点に立つクレタの位置が、それを許さない。エジプトの小麦をアテネに輸入する商人が、クレタを無視してシリアやキュプロスを通ったとしても、アフリカ沿岸を去ったスパルタの商人はキュレネに向かい、ついでクレタからキティラ島をめざしたであろう。のみならず古代のクレタ島は、ロードス島とならんでペロポネソス半島とアジアの中継点であった。つまり前五世紀から前四世紀にかけてスパルタの船は、クレタの沿岸付近の航行をつづけていたということだ。ヘレニズム世界とクレタ島との交易上の繋がりは、前六七五年のクレタ商業が突如壊滅したのちも、完全に途絶えることはなかった。(5) こうした事実はアイギナ島やペロポネソス半島の貨幣の存在によって広範囲の地域で証明されており、芸術的な繋がりも残りつづけた。

さらに島が孤立化したのは、ギリシア人のせいではない。

前四八〇年、ペルシャの大軍に脅かされたギリシアは、クセルクセスとの戦いに加わるようクレタ人を誘った。危機を前に、ギリシア人は都市国家間の分裂を乗り越えて汎ギリシア主義の一大同盟会議においてまとまらざるを得なくなったのだが、そのさいクレタ人が参加を求められたのは意義深い。だがクレタ人が示した無関心ぶりは、ヘラスに長いあいだ衝撃を与えた。彼らは口実として、ピュティオンの託宣で下す拒否の判断の伝説を思いつく。彼らはサラミスの戦いでは、決定的ではないとしても相当大きな任務をひきうけようとしたが、実はクレタはペルシャ戦争から距離を置こうとしていた、というのが定説である。

ペロポネソス戦争のさいにも、島はスパルタに好意的であったうえに、アテネはポリュクナ[*5]に干渉したにもかかわらず、同様の不干渉主義を続けた。

汎ギリシア主義への協力に対しても、同様に蔑視があった。クセノフォンはクレタ系の斥候騎兵を賞

---

*5 前四二九年、ポリュクナはアテネと同盟関係をむすび、近隣都市キドニアを疲弊させた。

賛してみせる。だが前四八八年以外、いかなる年のオリンピック入賞者リストにもクレタ人の名前は見あたらない。

かくしてクレタは、自ら進んでヘレニズム世界から離れていったのである。

Ⅲ　ギリシアの政治思想におけるクレタ島

数世紀間〔クレタに対する〕無関心がつづいたのち、前四世紀半ばになってギリシアの作家たちは突然ミノスの島に熱い関心をよせた。彼らは島の教育制度をたたえ、政治制度を熱心に研究した。いったいどういう理由から、この突然のクレタ・ブームがおこったのか？　そのわけは、一部の思想家にスパルタがおよぼした魅力的作用にある。前四世紀半ばから前三世紀にかけてスパルタは、模範を求めて苦しんでいる政治理論家や道学者にとって研究課題として役立った。(6) 彼らはスパルタを賞賛し、そこに模範を求めた。したがって彼らがクレタに目を転じるのは自然のことだった。実際クレタとスパルタは驚くほど似ていた。教育や社会制度から政治制度にいたるまで、そっくりだったからだ。ミノスの法を学ぶために、リュクルゴスは島にまで行かなかったろうか？　考えてみればこの類似は侵略者がドーリア人という、人種的起源の同一性から説明される。このことからスパルタとちがって歴史的役割は皆無だったにもかかわらず、ギリシアの政治思想におけるクレタの役割は、かなり大きいといえるのである。

1　プラトンと法

プラトンの対話『ミノス』では、王の肖像は立法者の模範として示されている。なぜならば彼の法は神聖であるがゆえに、不動だからだ。『ミノス』はプラトン自身が書いた作品ではない。だが彼の『法律』において提示されているクレタの様相は、きわめて正確である。プラトンはエジプトやシチリアを何度か旅行しているから、クレタ島に立ち寄ったことがあるのだろう。彼の関心はとくに教育制度と共同会食に向けられていたようだ。彼の判断は微妙である。すなわちクレタの政治制度には鼓舞されるが、司法が忘れられているというのだ。とはいえ、彼は自分の理想国家のために、そこからたくさんのものを借用している。

2　アリストテレスと『政治学』

『政治学』のなかでアリストテレスは、クレタ島に高い重要性を与えている。彼は島の政体を「寡頭制」と位置づけ、この制度の機能的弱点は島というその地理的位置によって緩和されていると評価した。そうした環境のなかでスパルタは、つねにその奴隷《ヘイロータイ》に脅かされながらも、クレタ島は劣格市民《ペリオイコイ》の反乱を心配せずにすんだ。のみならずアリストテレスはクレタの共同会食を、スパルタのそれより優れていると誉めた〔AP, p.77〕。とはいえクレタはスパルタより劣った国である。というのもスパルタはリュクルゴスのおかげでミノスの法を改良したからだ。一般的法則として、「古い制度はあとにつづく制度ほど丁寧につくられてはいない」ということだ。クセノフォンとカリステネスもクレタについて書いたが、著作は今日では失われてしまった。島にかんするエフォロス[*6]の歴史の断片は、ストラボンによって遺されている。

Ⅳ ヘレニズム時代の内戦

ギリシアの作家たちがクレタの古代の制度に熱中しているとき、クレタそのものは数世紀遅れて、かつて民主主義派対寡頭主義派の論争にさいしギリシアを揺るがせたのと同じ混乱を経験しつつあった。それればかりかクレタはその孤立主義を捨てて、地中海世界の巨大な変動のなかに巻き込まれていった。

1 島内の変化

氏族による貴族的体制は、クレタ島では前四世紀まで困難もなく維持されてきたが、何らかの混乱、あるいは騒乱によってそれが揺るがされた。その年代的経緯は資料が欠如しているのではっきりしないが、原因をかいまみることは容易である。すなわち古来からの土地貴族は、ヘレニズム世界との交易で豊かになった商人や船主から町人階級のなかにとりこまれたからである。突然の貨幣の流入は共同会食の世界にとって不安定要因となった。実際多くの指標が、ギリシア世界との経済関係の復活を明示している。前四世紀にはいってワインやオリーヴの輸出は新たな飛躍をとげた。クレタの蜂蜜は、アッティカのそれと競合するようになった。人びとはクレタ島から来た薬用植物や建築材を求めた。とくに杉材は、多くの碑文が示すようにデロス、エピダウロス、アテネのほか、全ギリシアの造船所で利用された。スタリタイ港の人びとは悪鬼貝の採取で豊かになった。またギリシアはクレタから武具、青銅製品、さらにクセノフォンが『狩猟論』でイノシシ狩りに役立つと推薦した犬も輸入した。逆にクレタはアテネから器を、作物の不作と飢餓のような場合にはキュレネから小麦を輸入した。

こうして生まれた商人階級は、権力が少数の成り上がり貴族の手に集中するのをますます耐え難く思うようになった。このことから都市に深刻な危機が生まれ、その不安は、島からギリシアや小アジアへの諸都市への人口流出というはっきりした形をとるようになった。島は分裂し、民主派に好意的なクノッソスは、保守派に支配されているゴルテュン、リュトスとの戦闘状態に入った。その混乱の必然的な結果として、クレタ島に二つのタイプの集団が、拡大したとはいえないとしても、少なくとも生まれた。それが傭兵と海賊であった。

＊6 アイオリス・エフォロス、キュメのエフォロス、前四〇五〜前三三〇年。歴史家、ソクラテスの弟子といわれる。著作に『歴史』（三〇巻）がある。

2　傭兵と海賊

ギリシア軍のなかでクレタ出身の最初の弓隊をみるには、時代を遠く遡らなければならない。クセノフォンによれば、弓隊はギリシア人傭兵一万人隊を率いたクレアルコスに従っていた。また前三九四年にはアリストダモスとともに戦った。トゥキュディデスはアテネ軍のなかにまじっている彼らについて、何度か言及している。とはいえクレタ兵の軍事的重要性が初めて現われるのは、斥候や伏兵として彼らの抜群の機動力を利用したアレクサンドロスの時代をまたなければならない。大王はガウガメラの戦いにおける敵の戦車や、インドのポルスとの戦いにおける象の部隊の強力な突進を蹴散らすのに、彼らを使った。これ以後、クレタ傭兵の名声は確立された。シチリアとアイトリア、フィリッポス四世とアンティオコスなど、さまざまな国や君主が、タナーレ岬にむかい、エジプトとシリア、ようとやって来る彼らを求めて争った。彼らはどういう人びとだったのか？　元来、彼らは解放奴隷、政治的亡命者、ヘタイレイアの身分から逐われた市民である。クレタ人に対する需要が高まり、俸給が上昇すると、島の内紛の犠牲になったクレタ人の多くは、ヘレニズム世界の軍隊に入隊していった。(7)

海賊行為はもう一つの捌け口となる。その好条件はそろっていた。それはたとえば、隠れ場に富んだ海岸線、主要航路の交差点という島の位置という自然環境に加えて、「船を追跡して私掠に及ぶという」（タルン）クレタ人の冒険好きな気質などである。ここにもまた古代からの来歴がある。ホメロスは、『オデュッセイア』の時代以来つづくミノスの島のいささか特殊な活動について語った。古典主義時代、アテネの商人は「ドーリア人の海賊行為」を恐れた。前三世紀のクレタ島は、地中海世界の隠遁者と奴隷商人が集まる一大中心地となった。ギリシアの都市は、捕虜の買い戻しの交渉のためにここに連絡員を配した。ペノスやコスの島々、あるいはミレトスやマグネシアといった小アジアの都市は、アシュリア〔asuλια、身体財産の不可侵性〕にかんする公の保障をクレタのポリスに求めた。当時最強の商業国だったロードス島は、あらゆる地中海諸国に、クレタ人海賊の追放と「海洋の自由」の原則を承認させようと骨を折った。「クレタの私掠」が一時的にも無力化するためには、ローマ帝国の到来をまたなければならなかった。

3　統一化の傾向

前四世紀のクレタ島は大きく三つの同盟で分かれていた。すなわちゴルテュン、クノッソス、キドニア〔ハニア〕を中心とする同盟である。この構図は地理的要因、人種的考慮、政治的類似性によって説明される。

クレタの歴史全体を支配しているのは、この分割をことさらに際立たせる対立である。しかるに前三世紀になると外的危機に直面して、統一の努力がみられるようになった。それがコイノン(8)〔κοινόν、共同体、連邦あるいは同盟などの意〕であり、その意図は民会と委員会を含んだ「クレタ諸都市の議会」となることであった。構成員たる都市は、連邦制的な割り当て人員を提供し、一種の公法を承認したらしい。だがコイノンの司法的役割には問題が多かった。何よりも財政分野で類似性がまったくみられず、連邦制的執政官が欠如していることには、驚かざるを得ない。さらにクレタの都市は、対外的には自治権を守っている。このことからしてすでに本質的に無力なコイノンは、勢力争いに走ったクノッソスとゴルテュンとの闘争の場となってしまった。

4 外国の介入

このようなクレタの内的弱点は、近隣諸国の野望をかきたてた。プトレマイオスのエジプトはイタノスに保護領を確立したが、クレモニデス戦争（前二六七～前二六一年）のさい、クレタからの軍事的介入を得ることはできなかった。

一方、より巧妙だったのはマケドニアのフィリッポス五世で、彼はラギド〔プトレマイオス〕王朝が失敗したところで、部分的介入に成功した。前二二〇年、マケドニア王はゴルテュンと結託し、内戦で荒れた島を平定しようと企てた。彼はゴルテュンの保護のもとにある「クレタの保護者」として認められた。フィリッポス五世に対してローマが開戦したとき、島を支配していたスパルタの専制君主ナビスが反マケドニア側につき（ティトゥス・リウィウスによれば）、六〇〇名のクレタ人をローマに送ると約束したにもかかわらず、島はマケドニアへの忠誠を守った。ゴルテュン出身のクレタ人五〇〇名が、前一九七年、キノスケファラエ〔テッサリア連丘の名。マケドニア戦争の古戦場〕でフィリッポス五世に対抗したフラミヌスと戦った。

以後ローマは、何度か島の内戦に仲裁役として介入した。前一八四年、前一八〇年、ついで前一七四年、ローマは大使をおくり、非妥協的な戦闘に明け暮れるゴルテュン、クノッソス、キドニア間の調停役にさせようとした。同じ頃、海賊の活動は頂点に達した。ロードス人は反撃を試みたが、前一五四年、クレタ人に敗れ、ローマの仲裁によって救われた。それがクレタの最後の勝利であった。ロードス島が衰える一方、ギリシアやマケドニアはローマ的になると同時に、地中海の変動には無関心になり、クレタ島は内戦の渦に沈んでいった。

第九章　ローマの平和

地中海東部の中心に位置するがゆえに、クレタ島は必然的にローマ化せざるを得なくなる。

I　征服

1　原因

マケドニアとアジアに勝利を収めたローマは、いまや恒久的な艦隊は不用と考えるにいたった。これに乗じてキリキアやクレタでは、海賊がふたたび出没しようとしていた。彼らは手始めにキュレネ、エジプト、シリアに対して遠征隊を送り、ローマの一大貿易港であるデロス島の通商関係を脅かした。ポントス王ミトリダテスがローマと戦いだすと、海賊問題は新たな重要問題となった。ミトリダテスは、味方として私掠戦に長けているキリキアとクレタの人びとを見いだした。これらの人びとは、ローマに対して反乱を起こしたセルトリウス[*1]と王との連絡を確保したり、スパルタクスの奴隷とシチリアのあいだの橋渡しをしようとした。この脅威を払拭するため、ローマはクレタ島を襲撃せざるを得なくなった。ローマがクレタを攻める理由は、他にもいくつかあった。たとえばそれは、デロス島にとって当時なお危険な競争相手であるクレタを押さえ込むこと、ローマの将軍たちが戦利品を当てにしたことなどである。海賊にとっては獲物の隠し場所として利用される島は、宝の島として聞こえてはいなかったろうか？

2 作戦

前七四年、ローマの元老院令はのちの三頭政治の生みの親である元老マルクス・アントニウスを地中海海軍総指揮官に任命した。この選択は不幸な結果に終わった。アントニウスは前七一年、ようやくクレタ攻撃の決断を下した。島は分裂のさなかにあって、勝利するのは簡単で、戦果は十分あると思われた。しかるに投入される兵力が不足した。アントニウスは敗れ、艦隊は全滅し、クレタ島は彼に平和条約を結ばせたが、それはあまりに屈辱的なので、元老院は批准を拒否したほどだった。

＊1 クィントゥス・セルトリウス、前一二三～前七二年。ローマの将軍、政治家。スペイン総督。ローマと対峙したが、ポンペイウスに敗れた。

前六八年、ミトリダテスを厄介払いしたローマは、クレタ人にアントニウス軍と戦った人物の引き渡し、ローマ軍の捕虜の解放、三〇〇人の人質と銀四〇〇タラントのローマへの返還を命じた。元老院はメテッルスに島を降伏させるよう命じた。彼は長期の攻囲戦を企て、都市を一つ一つ滅ぼしていかなければならないと考えた。メテッルスは残忍きわまりなかったため、クレタ人は海賊と戦っていたポンペイウスに、貴殿のもとならば降伏してもよいと知らせた。だがポンペイウスから解任された当のメッテルスが、前六三年にクレタ島と和睦条約を結んだ。

II 政治組織

キケロによれば、ローマに征服された後エジプトへの監視を強化する意図のもとに、クレタ島はキュレナイカと結ばれた。当時その絶頂期にのぼりつめたカエサルは、政治的手直しを行なったさい、目的のなくなったこの両政府の結合を分離させた。だが前三八年、アントニウスはクレオパトラと手を組み、クレタ島の一部とキュレネを女王に譲った。前二七年、アントニウスと元老院とのあいだで属州分割が行なわれたとき、クレタとキュレナイカは再度統合され、ゴルテュンがこの二重の属州の首都となった。クレタ島は元司法官らの中から籤引きで選ばれた地方長官によって統治され、地方総督は属州知事と、公的資産管理の任務をおびた財務官によって補佐された。

ローマの支配下における都市国家の組織は、どのようなものであったか？　多くの都市が縮減された。ホメロスのいう一〇〇の都市は、前六七年には二四しか実在せず、紀元一世紀、ストラボンは実際に重要な都市を三つしか数えていない。ローマ人はコイノンを廃止しないよう気をつけたばかりでなく（ローマ政権下にあってコイノンが存在したことは、それが貨幣を打刻し、五年に一度の競技会を組織したことによって証明されている）、そうしたことを島内の平和維持のために巧みに利用しようと努めた。ローマ人はクレタの諸都市の古い制度を保存した。ゴルテュンが法典を守ったのはその一例である。さらに古来からのクレタの寡頭制支配が完全に衰退したことも指摘しておかなければならない。あえてその証拠を挙げれば、農奴制の消滅である。ストラボンもその後継者も農奴については触れていない。

実際ローマの支配は、クレタ島を寸断していた血で血を洗うような戦いに終止符を打ち、政治的統一を確保したという意味で、クレタにとって福音であったことは明らかである。

Ⅲ　大規模事業

ローマ人はその習慣上、クレタ島内にたくさんの建築物をつくった。水道はもちろん、たくさんの道路も建設した。ゴルテュンでなされた調査から、前七世紀にさかのぼる神殿内陣が発掘されたが、これは帝政時代に改修されたものである。その他法廷、地方長官公邸、劇場、湧水管理所、詩や音楽のコンクールの場である音楽堂も発見された。ローマ植民地の拠点となったクノッソスは、今日まで円形劇場の遺構しか発掘されていない。

クレタの経済活動については、ごくわずかなことしかわからない。プリニウスは島の肥沃な地に言及し、アウグストゥスはカプアに帰属する島の領地に別荘を所有した。しかしストラボンは、海賊行為と手を切れないクレタの海軍は滅ぶだろうと指摘した。

文学や音楽の活動についても我々は何一つ知らないが、ゴルテュンで発見された小像のなかでもキタラを弾くアポロンや、クノッソスのディオニュソス邸のモザイクなどは、「芸術上のルネサンス」を云々するにはほど遠い作品である。かつてのギリシアの貢献や、ゴルテュンのイシス小神殿が示すオリエンタルな影響にもかかわらず、新芸術はその構想、仕上げにおいて本質的にローマ的であった。

Ⅳ　キリスト教

クレタ島にキリスト教の伝統が根づいたのは、聖パウロの伝道のおかげである。彼が島に身を置いたのは、最初の捕囚ののちのことであろう。彼は島に弟子のテトスを遺したといわれる。テトスはゴルテュンの初代主教となり、パウロの事業を達成した。

キリスト教は、島でもとくにユダヤ人の強力な共同体から激しい抵抗を受けた。パウロはそのことについて、「テトスへの手紙」において報告している。教会組織は遅々たる歩みのなかでつくられていったことは、コリントスのディオニュシオスが若干の情報を我々に伝えている。とはいえ最初のキリスト教の大建造物、聖テトスのバジリカ聖堂が出現するには、六世紀をまたなければならなかった。

第二部　近代のクレタ島

第一章　ビザンティン時代のクレタ島

クレタは後期ローマ帝国の混乱や、滅亡を早めた異民族の侵入からは、あいかわらず離れていた。人口と経済の危機、都市と農村の荒廃、貨幣の不足といったローマ世界の不幸とは無縁だった。交易ルートの断絶や西側との交流の停滞を経験したかもしれないが、イスラムの占領がおこるまで、クレタは戦争を知らなかった。

I　ビザンティンの平和

1　行政

二八五年ローマ帝国再編のさい、ディオクレティアヌスはクレタ島とキュレナイカを分離した。コンスタンティヌスはクレタをイリュリアに帰属させた。四世紀末になるとクレタは、皇帝親衛隊長の指揮下に置かれるようになった。ユスティニアヌスの治下では、クレタ島はキュプロス島にならって、四つの軍管区に分割された。

七世紀から十世紀にかけて、都市の数はあまり減少しなくなったらしく、二二を数えた、とイエロクレスは言っている。ビザンティンの作家たちはその年代記において、クレタのことをごくまれにしか語っていない。わずかに七三二年、レオ三世〔東ローマ皇帝、六七四〜七四一年〕が人頭税を増額し、またクレタが徴兵で割り当てられた兵をコンスタンティヌス五世の部隊に送り出したことが知られている。

2　宗教生活

七三二年、教皇との対立の原因となった聖像論争の結果、レオ三世はクレタをローマの支配から切り離し、コンスタンティノープルの主教の支配下に置くこととした。クレタの教会は、以後東ローマ帝国の宗教と動きをともにした。九世紀末、クレタのキリスト教会は、大主教一人、主教一一人を擁した。これらの高位聖職者たちは、東ローマ帝国の主要なキリスト教会議に出席したが、漠然とした役割しか果たしていない。

3　文化

七世紀までのクレタの繁栄は、「ローマの平和」の延長であった。農業はあまり変化せず、穀類、ブドウ、オリーヴが依然として主要な作物である。ビザンティウムは、帝国のいたるところでみられたような土地の集中化を、クレタでも推進したと考えられる。国、教会、個人が大規模領地を所有していくなかで、小規模な土地は消滅へと向かった。奴隷制の復活や拡大がおこったろうか？　農奴制への回帰の問題を語るべきだろうか？　自由農民はどのような運命をたどったのか？　いずれも解答困難な問題である。

一方、芸術がビザンティン様式に影響されたことは、かなり確かである。聖画像と象牙彫、織物とモザイク、ガラス細工と琺瑯板などがその例であるが、アラブ征服以前の時代のものはまったく遺されてない。

Ⅱ　アラブの支配（八二三〜九六一年）

七世紀になって、新たな危機が地中海世界におこった。沿岸地帯にイスラム教が定着して動かなくなったのだ。シリアの太守ムアーウィアは海戦がいかに重要かを理解し、六四九年艦隊を組織し、これがキュプロスやイサウリア沿岸を荒らすこととなった。ロードス島が六五四年にビザンティン帝国と休戦協定を結んだにもかかわらず、翌年アラブの船はクレタ沖に現われ、以後島民は戦々恐々たるなかで暮らすようになった。

アラブの脅威は九世紀になってはじめて具体化した。[1] 八一六年、コルドバにおけるウマイヤ王朝内のイスラム教同士の内部抗争が、アンダルシア地方のアラブ人を刺激し、太守アル＝ハカムに対する反乱が起こった。反乱軍は敗れてエジプトに逃げ、そこで混乱に紛れてアレクサンドリアを占拠した（八一八〜八一九年）。しかしそこでもカリフ・マムーンに逐われ、彼らはクレタ島に落ち着いた。そしてアブ・ハフスの指導のもとに、あっさりクレタ島全土を支配してしまった。

彼らは自分たちの伝統にしたがって、新たな首都をつくろうと、島の北部でクノッソスからほど遠くない地点に建設した。当初それはたんなる砦（アラビア語でカンダクス）にすぎなかったが、のちにその名「カンディア」は都市ばかりか島全体を指すようになった。アラブの支配は一三三年つづいたが、クレタはアラブ世界から独立しているように思われた。もっともそれはカイロのカリフの支配下にあることを認め、したがってファーティマ朝の支援を受けていた。コルドバとの関係も存続していた。事実上クレタ島は一種の世襲国家となった。太守の称号を得る君主が代々つづいたことは、彼らが鋳造させた貨幣によって示されている。

クレタ人は地租《ハラージュ》を納めなければならないディムニスという身分に格下げされてはいたが、彼らとアンダルシア人のあいだには融合が生まれた。

おそらくアラブ人は、砂糖黍、綿花、桑の作付けを発展させることによって、クレタの農業を覚醒させたであろう。潅漑事業については何も残っていない。

この時代の建築物も一切伝わらなかった。イスラム社会が知的にどれほど輝いたのかも我々にはわからない。

結局クレタは、地中海東部の中心にあって、海賊にふさわしいという古来の適性をもった島に戻ってしまった。各地の港からは、ギリシアやアドリア海の沿岸に向かって遠征隊が出発するようになり、ビザンティン帝国はやむなく反撃にでた。

III 再征服

再征服の最初の企ては、八二六年に行なわれた。アナトリア戦の総督フォティノスが、クレタの司令官に任命された。彼は島に上陸はしたが、島民は彼の反乱の呼びかけに応じなかった。コンスタンティノープルから救援隊が送られたが、サラセン軍に壊滅させられた。

以来三回の作戦が実行されたが(最後は九四九年)、いずれも失敗に終わった。

最後にビザンティン帝国は、当代随一の猛将ニケフォロス・フォカスを見いだした。[*1] アジア、ヨーロッパのあらゆる軍管区で新たな徴兵が実施され、これに精鋭部隊、ギリシアの火[火薬]を積んだ大型船二〇〇〇隻、輸送船数百隻が加わった。これらの軍勢はエフェソスの南のフィジェレスに集結した。ニケフォロス・フォカスの部隊は島の南側に上陸し、そこからサラセン人との激戦を経てカンダクスに向かい、攻囲戦を行なった。クレタの太守アブデル・アジズ・エル・コトルビは、カイロとコルドバに救援を呼びかけた。だが応じたのはタルソスとアフリカのアラブ人だけで、しかも彼らはビザンティン側の封鎖を破ることはできなかった。フォカスはその戦力を駆使して、九六一年三月七日首府を襲撃し、他の都市もあっけなくその軍門に降った。

サラセン人は奴隷の身分に落とされ、モスクは閉鎖された。島には聖ニコン[*2]の指導のもとに伝道師が送り込まれた。ギリシア人とアルメニア人の植民地が建設され、また地名からも明らかなように、スラブ人も入ってきたといわれる。カンダクスには、島の守りを固めるために要塞が建設され、他の都市も防備が強化された。この再征服から生まれた伝説によれば、島の防衛任務を負担した一二の貴族の家のあいだで、クレタは分割されたとされる。だがわかっているのは、ニケフォロス・フォカスが臨時的な組織をつくり、島が軍管区に昇格し、司令官に託されたということだけである。

十一世紀には何度かの反乱が企てられた。重税にかきたてられる不満を利用して地域の指導者が起こした反乱である。しかしそうした反乱をのぞけば、クレタ島は一二〇四年までなりをひそめ、人びとの話題になることはなかった。

＊1　九一二～九六九年。クレタ戦ののち皇帝になるも三年後に暗殺される。
＊2　ニコン・ホー・メタノイテ、九三〇～九九八年。ビザンティンの修道士。

第二章　クレタとヴェネツィア共和国

一二〇四年、クレタ島は「いと静謐なる共和国」ヴェネツィアの領地となった。ヴェネツィア人はその後四世紀にわたってここに居住することとなる。しかし彼らの征服について、我々は幻想をいだいてはならない。たしかに彼らの遺した刻印は深いが、トルコの攻撃に屈するときまで、ヴェネツィア人の置かれたクレタの状況は不安定なままであった。[1]

I　第四回十字軍とその結末

教皇インノケンティウス三世によって一一九八年に断行された第四回十字軍は、強大なアラブ世界の中心とみられるエジプトに決定的な打撃を与えることを目的としていた。実際には遠征隊は騎士をコンスタンティノープルの城壁の下に導き、ビザンティン帝国の富を山分けし合うことよって終わってしまった。軍によってフランドル伯が皇帝に選出される一方、モンフェラート侯ボニファチオはサロニカとマケドニアの王として布告された。遠征資金を出したヴェネツィア人たちは、分け前を求めた。彼らは商業上エーゲ諸島の重要性に気づいていた。それゆえ彼らは、銀一〇〇〇ダカットと金貨一〇〇〇枚の収入が得られるだけのマケドニアの土地とひきかえに、クレタ島を購入したのである。他方ジェノヴァ人も負けじとボードワンとモンフェラート侯にいくつかの提案したが、結局一二〇四年八月、ヴェネツィア人が勝利した。ライニチ・ダンドロは三一隻のガレー船とともに島を占領し、ジャコポ・ティエポロは島の統治権とカンディア公の爵位を得た。だがジェノヴァ人は諦めなかった。カンディアから逃れてシラクーサをおさえたアラモウ・デッラ・コスタとマルタ伯エンリコ・ペスカトーレらと示し合わせてクレタに攻撃をしかけて成功した。ヴェネツィア軍の艦隊が島から見えるところにくると、ジェノヴァの船はあっさり引き上げた。ジャコポ・ティエポロは島を奪回した。だが一二六六年から一二九四年にかけて最後の企てがなされ、彼らはハニアの支配者となり、ヴェネツィアは彼らを追放するために、地方監督官を指名しなければならなかった。

II　ヴェネツィア共和国の制度

クレタはヴェネツィア直属の島となり、十四世紀になると四つの管轄地域に分けられた。ハニア、レシムノ、シティア、カンディアの地域は、さらに領地《カステッリ》と村《カサリ》に分けられた。上級官吏と下級官吏の区別ももうけられた。上級官吏はヴェネツィアから任命され貴族階級に属した。下級官吏の採用は完全に現地でなされた。

カンディアには最高官吏たる公爵が居住した。彼はヴェネツィアの大評議会によって指名され、任期は二年である。彼の権限は大きいが、その贅沢ぶりも並外れていた。一〇〇〇ダカットという当時としては莫大な年俸を、彼は得てはいなかったろうか？　もっとも任期終了時には、執務報告をすることが義務づけられている。彼は任期二年に指定された評議会に補助され、これとともに市会を構成する。議決は公爵の主宰のもとで、四人のメンバーの多数決で下される。

やはり二年と定められた職権をもつ軍総司令官は、島の防衛軍を指揮する。任地に発つとき、彼は中隊招集の費用として三五〇ダカットをうけとる。隊員は二年で入れ替わり、彼は指揮官を選任する。

教皇代行の枢機卿は当初二人で（一二七〇年になって三人になった）、財政管理を担当した。年次監査のほか彼らの報告は、監督官によって五年ごとに検証された。

カンディアの領主はこの都市の防衛を任務とし、やはり高級官吏に属した。

一二五二年キドニア跡にハニアが創設され、カンディアの四人の評議員のなかから籤引きで選ばれた司祭がこの町に割り当てられた。同様の制度が一二七三年レシムノに、十四世紀にはシティアに認められた。

ヴェネツィアとクレタの貴族階級から直接選ばれた下級官吏のなかでも最も重要なのは、法務を執行する人びとである。一二名の官選弁護人はローマ人とギリシア人のあいだの紛争解決を担当した。公証人は最初一七人だったが、のちに一二人になった。専門は証言と事実の審査である。カンディアから遠く離れた地域や郡庁所在地には、裁判管区が設立された。一〇〇ダカット以上の重大事件については、ヴェネツィアの法廷だけが権限を握っていた。警察はクレタの軍総司令官と「夜と昼の主」に属した。食糧供給の問題は穀物監督官の資格をもつ役人の担当であった。

非常に深刻な局面においては、ヴェネツィアは独裁的権限をもつ総監督官を派遣し、その命令には公爵や軍総司令官といえども従わなければならなかった。

Ⅲ　社会・経済構造

1　土地制度

当初、ヴェネツィア人は部隊の駐屯地をつくるだけで満足し、土地は地元民に残していた。彼らにとってクレタは、商業戦略上大きな利点をもつ島としかみえなかった。だがジェノヴァのたび重なる攻撃やそれに対する島民の暗黙の結託から、次第に元老院は占領政策を見直さざるを得なくなっていった。

没収された土地は、三つに分けられた。一つはヴェネツィア共和国のために使われる特別な部分、もう一つは教会の所領、最後は入植者に与えられる部分である。実を言うと元老院は、ヴェネツィア人の島への入植を奨励していたのである。すなわち一二一一年に七四名の貴族と二六名の平民が定住し、一二二二年には三六名の騎士と二八名の歩兵、一二三三年には九名の世襲貴族、一二五二年には四二名の貴族と六名の平民、一三六七年には一八名の貴族と一〇名の平民がそれぞれ入植した。とはいえこれらの数字は人口移動の広がりを伝えてはいない。というのもそれは役人、兵士、ヴェネツィアの旧植民地からの難民を含んでいないからだ。計算によると十四世紀初めに入植者に割り当てられた区画の数は五八七で、その内訳は一八二が騎士に、四〇五が歩兵に当てられた。逆にいうとこれらの区画の譲渡は、兵役義務と抱き合わせだったということだ。戦時では貴族の土地所有者は、騎士一名と近習二名、それに武具と馬を供出しなければならなかった。それほど大きくない区画からは、一〇名の歩兵を徴発した。こうして静謐なる共和国はクレタ島の資源の活用と防衛力を組み合わせたのだ。

耕作が土地に密着した自由農民によるにせよ農奴によるにせよ、その利益は入植者のものとなった。入植者は、そうした働き手を一人あたり二五名与えられた。そうした人びとは、おそらくニケフォロス・フォカスによって隷属状態におかれたイスラム人であったろう。のちにヴェネツィア共和国が借金を抱えたのを幸いに、彼らは身分の回復を図ることができることとなった。

いずれの土地にも相当の税金が課せられた。いわゆる「小麦三分の一税」、つまり生産された小麦の三分の一を納める税金である。その量は作付面積と平均収穫率とに応じて、あらかじめ定められた。不作で収穫が不足した年でも、入植者は定められた量を供出しなければならない。となると彼は土地を抵当に入れざるを得なくなる。そうした入植者がしかたなく頼った高利貸しが、島全体の所有者になる恐れが生まれたが、ヴェネツィア人はこれに対策を講じた。貸付契約で利率を低くさせ（たとえば一三九八年）、ユダヤ人には動産の担保しか認めないこととしたのだ（一四四九年）。結局ユダヤ人は、土地所有から排除された。こうした対策のすべては、ユダヤ人の商活動にブレーキをかけようとする目的でなされたと考えられ、ヴェネツィアの植民地政策のまぎれもない拙劣さを暴露していた[2]。

2　人口

こうした拙さは人口の変動にも表われている。すなわち十三世紀の反乱以後、クレタ島では当初五万だった人口は一五七七年には一九万に増加したのだ。この増加は、F・ブローデルが示したように地中海世界ではありふれた事実だが、クレタの場合は大部分が人工的操作の結果なのである。クレタ島は、旧ヴェネツィア植民地からトルコによって逐われた人びとが行き着く避難地である。実を言うとこの増加にはある疑いようのない停滞が見えるのである。

3　生産

採用されたシステムは、植民地型経済である。大規模な所有地に腰を下ろしたヴェネツィア人は、食糧生産を犠牲にして投機的な耕作を発展させた。

まずブドウが飛躍的な発展をとげた。レシムノではワインの保存を向上させるため巨大な釜で煮詰めた（これについてはベロン[*1]がその模様を書き残している）。ボスポラス海峡を通って、クレタのワインはワラキア、ポーランドへ、あるいはハンブルクとダンツィヒを通ってドイツへと輸出された。ビュルベックはコンスタンティノープルでクレタ・ワインを飲み、ベン・ジョンソン[*2]はクレタ・ワインの効用を賞賛した。ハニアとクノッソスのワインはさっぱりしていて、もっぱらイタリア向けにつくられた。マルヴォワジーの他に、ヴェネツィア人は甘口で上品なマスカテルの生産に力を入れようとした。ヴェネツィアから砂糖黍《きび》を導入するため、彼らはさまざまな努力を重ねた。一四二八年、砂糖黍の作付けの特権が一〇年の期限でマルク・デ・ザノーノに認められた。彼は土地を購入し、二基の風車を建設し、大勢の労働者を雇う許可も得た。だが砂糖市場にはマデラ島が参入するようになり、この事業は失敗に終わった。砂糖黍の次は木綿である。木綿の事業は商人たちによって著しく間口が広げられ、綿糸に加工されたものも未加工の綿花もヨーロッパに輸出された。クレタの綿はシリアの綿と区別するために、台帳には「ゴトニ」と記録された。

だが単作をめざしているこうした生産物の拡大は、穀類生産を犠牲にするかたちで進められた。島の最も肥沃な土地で麦をつくることを、ヴェネツィア共和国はたびたび禁じた。そこに農奴の人口が集中したり、反乱軍のための食糧補給地となることを防ぐためである。しかるに小麦の価格はあらかじめ固定されており、またそれを輸出する許可はめったにおりない。したがって小麦が不足したとき、クレタの人びとは、トラキアやエジプトから待ちこがれた積み荷を運んでくる二檣《しょう》帆船を、一日千秋の思いで待つこととなる。船が来なければ来るのは飢餓だ。ある同時代人は、隣国の救援がなければ、島は一年の三分一も生き延びられないだろうと記している。

商活動がヴェネツィアに独占されているだけに、状況はいっそう悲劇的である。島は共和国にとって、マタパン岬やキュプロスの南を通ってシリアから来る胡椒ルートの中継点として機能するにすぎない。交易はトルコに支配されているギリシア人やコンスタンティノープルとの間でも存在していた。一四六二年、クレタ人はヴェネツィアに対して、モレア*3からの大量のトゥール金貨流入によって、ダカット金貨の相場が上がって困ると訴えている。一五一〇年から一五三〇年にかけては、イギリスのレヴァント会社の船がクレタの港に現われ、マルヴォワジーとラシャを交換しようとした(3)。

4 社会

社会の不安を経済の不安が覆う。計算によると一五七七年、クレタ島に定住しているヴェネツィア人

*1 ピエール・ベロン、一五一七〜六四年。ル・マン出身の博物学者。十六世紀の優れた科学者の一人と考えられている。
*2 一五七二〜一六三七年。十七世紀イギリスの劇作家・詩人で、シェイクスピアと同時代人。
*3 モレアすなわちモレオス専制公領は、東ローマ帝国パレオロゴス王朝時代の地方行政単位で、ギリシア南部、ペロポネソス半島に設置された。

家族の数は、ギリシア人の一八万四〇〇〇戸に対し、四〇七戸であった。最も豊かな土地や高い官職や軍隊の指揮官などは、「ヴェネツィア貴族」に限定されていた。他方古くからの貴族は、既得権を棄てることを拒んだ。再征服後、土地分割のためにビザンツから派遣されてきた一二人の家長たちの子孫と称する執政官たちは、当時なお多大の影響力をふるっていた。なぜなら彼らは、自由ギリシア人ではあるが家族ないし庇護者に依存するアルコント閥を配下においたからである。[4] カリエルギスとスコルディリスの最も強大な二家は、こうした閥族的関係の大きさのゆえに台頭し、ヴェネツィアは彼らの対立を利用した。アルコントのなかでも、初期の反乱に加わらなかった者は領地の所有者としてとどまっていたが、彼らはカンディアに家をもち、そこに一年の何分の一かは住むことを強制された。彼らはヴェネツィア人の騎士の生活を真似、同じような生活を送った。というのもそうした同化は、彼らに有利に作用したからである。イタリア人貴族は土地を売り払ってヴェネツィアに帰国するとき、ギリシア人の習慣、言語、あるいは宗教さえも採用した。とはいえヴェネツィア人の閉鎖性は、十四ないし十五世紀においてもなおきわめて強く、クレタ人貴族の羨望と怨嗟が生まれるもととなった。

大衆層についてみれば、ヴェネツィアの支配下において彼らは税金にあえぎ、教育を奪われ、病疫や飢饉で多くの命が失われた。F・ブローデルが強調するように、キュプロスとクレタからのヴェネツィア人の帰国は、結果として島の経済的没落をもたらしたのかもしれない。「一方トルコの支配が島民の生活水準を低下させたという根拠は、まったく見あたらない。問題ははっきりしているが、解決されていない」のである。圧政にさらされたカンディア人は、トルコの進出を好ましく見つめる。それはごく自然な態度だ。コンスタンティノープルは、トルコに握られているとはいえ、ギリシア正教にとって聖都ローマと同じではないか？　ギリシア人聖職者の財産を没収したり、総主教を追放したり、古い宗教制度のかわりに古代ローマの階級制度を持ち込んだり、やたらにフランチェスコ会、アウグスティヌス会、ドミニコ会の修道院を建てたりするヴェネツィア人とちがって、トルコ人はより寛大ではなかったろうか？　経済面でも、クレタ人はトルコ人により大きな期待をよせてはいなかったろうか？　島にはエジプトに向かう人口の流れもあった。水夫たちはヴェネツィアのガレー船よりも偉大な君主の艦隊に仕えることを好み、トルコの募兵係担当官はトルコ皇帝の船で働くカンディア人を、容易に見つけることができた。他方山岳人はヴェネツィアに対する憎悪から、一六四七年トルコ軍に味方することとなった。

Ⅳ　内部革命

アテネ公国やアカイア公国とちがってクレタは、当初より東方ラテン諸国[*4]のなかでもつねに内紛に悩

＊4　十字軍の遠征で征服されてラテン化した国々。アテネ公国とアカイア公国はともに、地中海における政治上、経済上の利益追求を目的とした第四回十字軍遠征のコンスタンティノープル占領後誕生したラテン帝国に属する。

まされている地とみられた。そうした一連の混乱は、キュプロスでさえ経験していない。またその原因として歴史家は、クレタの島国的性格、反乱にむいた地形、猜疑心が強い地元の有力貴族などだけを挙げてすますわけにはいかない。[*5]ヴェネツィアの植民地政策は、入植者にとってさえ過重なものであり、とくに十三世紀から十四世紀の反乱は、多くの場合これによって説明されるのである。ダリュ[*6]は、一二〇七年から一三六五年にかけて少なくとも一四の反乱を数えている。まず一二〇七年にはマルタ伯に支持された蜂起が起こり、ついで一二二六年、反乱鎮圧のためにクレタの総督に招かれたナクソス公は反乱者側に寝返り、二年にわたって島を支配した。クレタで最も富裕なアルコントの一人、アレクシス・カレンゴは、一八年間つづいた反乱の指導者となった。もっと深刻だったのは一三六一年の反乱である。ヴェネツィアがハンガリー王に敗れたのを好機として、居留民［ヴェネツィアからの植民者］は本国の官職への登用と二〇名の賢人を大議会に加わらせよと要求した。一方カンディア港にかかる課税は、暴動を呼び、公爵は捕らえられて、マルク・グラデニーゴがこれに代わった。島の独立が宣言され、叛徒たちはギリシア正教に宗旨替えをするふりをした。カンディアの聖マルコ教会は、聖テトス教会になった。ローマ教皇は不安を覚えた。グラデニーゴと交渉するため、ツェーノ、ソランツォ、モロジーニの元老院議員らがヴェネツィアから派遣されたが、彼らは上陸さえできなかった。第二次代表団も、おなじく失敗した。一三六四年、共和国はミキエリに指揮された兵員六〇〇〇名、三三隻のガレー船からなる艦隊を送った。戦場では反乱軍に不一致が定着したため、カンディアはヴェネツィア軍の手に落ちた。報復はすさまじかった。入植民の多くは逃げた。だが反乱の企ては、その後も一四五八年や一四六二年と何度かあった。それはキュプロスのファマグストの攻囲戦までつづいた。

V　芸術と文学

こうした暗雲も芸術の再生に翳りを与えることはなかったようだが、今日の我々にはその評価を下すのは難しい。というのも多くの手稿は失われ、我々にはタイトルしか知られてないからだ。たくさんの建築物も戦争によって破壊されたり、トルコ人によって変形されてしまった[5]。

旅行家たちはクレタを語るとき、一様にその都市の美しさをたたえる。ホメロスの名残りというべきか？　カンディアについてはヤコポ・ダ・ヴェローナ[*7]は、「歓びに満ちていると」といい、テヴェ[*8]もそ

＊5　ヴェネツィアの統治が、とくに土着のギリシア人の反発をまねき、十三世紀の全期にわたって「反乱の火が煮えたぎった」といわれる。MV, p.46.

＊6　ピエール・ダリュ、一七六七〜一八二九年。フランスの政治家、文人。著者に『ヴェネツィア共和国の歴史』がある。

＊7　十四世紀のアウグスティヌス派の修道士。なおラテン語の散文である彼の著作（『巡礼の書』一三三五年）は、一九九〇年にイタリア語訳が刊行されている。

＊8　アンドレ・テヴェ、一五一六〜九〇年。アングレーム出身の探検家、地理学者。

の著『宇宙誌』で「美しい」と形容し、負けじとレウアンが[9]「大変きれい」と表現する。イギリス人リスゴーの目には、ハニアは「人口が密集した、守りの堅い町である。大規模な城塞のなかに九七の邸宅があり、そこに総督とヴェネツィアの貴族が住んでいる」ように見えた。ルネサンス様式の建物には軒蛇腹の窓、外階段があり、表玄関は両側につけ柱と円柱があった。

宗教建築は、カンディアのサン＝マルコ教会を通して想像することができよう。この教会は一二三九年の少し後に竣工したが、一三〇三年の地震で一部が破壊され、一五〇八年に再度震災にあい、その後トルコ人のモスクとなった。修道院の建築は、フランチェスコ派とアウグスティヌス派の人びとによって進められた。カンディアの聖フランチェスコ教会は一八六七年にトルコ人によって解体されたため、我々はスプラットの素描でしかその姿を知ることはできない。

この当時の芸術家としてはジョヴァンニ・パゴメーノがいる。多才で独創的な彼は、スファキア付近のサン＝ジョルジオ教会の装飾を行なった。ペレルジ、アポストーリ、ジョルジオの三人について、我々はほとんど何も知らない。彼らの才能はセルノの地獄絵からサン＝アルフォンソ教会の「聖母」に及んだ。[10]しかしなんといっても最高の画家は、スペインでたくさんの作品を制作したドメニコス・テオトコプーロス、通称エル・グレコである。また有名な「クレタ派」の中心的人物、テオフィルもいるが、彼はアトス山で仕事をして、島での思い出は何も残していない。その原因は、あるいは新たなルネサンス様式の建築がクレタに導入されたことにあると考えるべきかもしれない。これによってフレスコ画は廃れ、彫刻やモールディングが幅をきかすようになった。イコン芸術は一五七一年から九一年のあいだ、ダマスキノスの手[*11]によって守られた。

イタリアの影響は、文学において感得される。クレタ語の文章をラテン語のアルファベットを使って表わす習慣がうまれた。ヨハンネス・ベルジキオスという碩学は、島の歴史をイタリア語で書いた。演劇は、コメディア・デラルテに範を求めた。とはいえ何らかの事件に触発された（ザネスの『クレタ戦争』）、あるいは十五世紀のクレタ社交界を描いた（『貴顕・貴婦人略伝』）文学作品も存在した。偉大なる古典『エロトクリトス』[*12]も誕生した。

こうした華やかな側面が社会不安や、政治の腐敗を覆っていた。

＊9　ニコル・レウアン、十五世紀カルメル会修道士。著者に『エルサレムへの偉大なる旅』がある。PLG.art.

＊10　十五世紀トルコ軍に攻撃されたクレタのある商人は、島から脱出するさい、ビザンティン様式で描かれた聖母マリアの絵をもちだした。彼が乗った船は嵐に遭ったが、乗組員全員で絵に祈りを捧げたところ、遭難を免れたという。彼の死後、絵は逃亡先のローマのサンタ＝マリア＝マッジョーレ聖堂に納められ、いくつかの曲折を経て一八六六年以後、サン＝タルフォンソ教会に安置されて今日にいたっている。

＊11　ミカイル・ダマスキノス、十五〜十六世紀。クレタ出身の聖像画家。エル・グレコに絵画の手ほどきをしたといわれるが、グレコと違い彼はあくまでビザンティン様式を守った。

＊12　ヴィツェンツォス・コルナノス（十七世紀初頭）の、若い男女の恋愛をテーマにした叙情詩。

VI　カンディアの戦争とトルコの征服

1　トルコの拡大

十六世紀になって、地中海ではトルコの脅威がはっきりと見えてきた。一四七九年、エウボイア島が奪われた。一五二二年、聖ヨハネ騎士団は五か月の攻囲戦ののち、ロードス島を明け渡さなければならなかった。一五三七年にはヴェネツィアがモレアス、ナウプリア、マルヴォワジー「モネムヴァシア」を失った。最初にクレタ人が住み、ジェノヴァのおかげで繁栄していたキオス島は、一五五六年に征服された。一五六九年ベルナルド・ナヴァジェロ[*13]はキュプロスとクレタの異変に備えるべきだと元老院に警告した。実際一五七〇年七月、トルコ軍はキュプロスに上陸した。ファマグストとニコシアが包囲された。宗教的感情の高まりのなかでピウス五世は、ヴェネツィアにせかされて、東地中海のキリスト教世界の最後の砦を救おうと、同盟の組織化に力をつくした。そして同盟が成立する直前に、彼はニコシアとファマグストに援軍を送ろうと決意した。艦隊は艤装され、クレタ島北部に集結した。いよいよ小アジアの沿岸まできて牽制作戦に出ようとしたとき、ニコシア陥落の知らせが飛び込んできて、遠征軍は急遽まわれ右となった。

カンディアではファマグスト解放を目的として、新たな努力が企てられたが、失敗に終わった。この都市の降伏は、クレタに大きな動揺をもたらした。人びとはトルコ船の襲来を覚悟した。だがキリスト教社会でも事態は急展開し、神聖同盟が最終的に結成された。一五七一年、ドン・ホアンはレパントで決戦を交え、この勝利で一時的にせよクレタは救われた。

2　戦争の発端

キュプロスを失って以後、ヴェネツィアは拠点をカンディアに撤退させた。だがクレタが、このライバル都市のかつての活気をみることはなかった。実際ヴェネツィアは経済の方向転換を行ない、海上貿易を減らしてかわりに工業化、とくに羊毛や贅沢品の生産をすすめる方向にむかっていた。以来、資本は陸地に投下されていた。とはいえ一部の資本はあいかわらず植民地に回されており、キュプロスにかわったカンディアの収益は依然として好調で、年間二〇万ダカットを稼いでいた。

巧みな外交手腕とダカットの賄賂を使って、ヴェネツィアはおよそ八〇年にわたってクレタに根を張ってきた。容易にできることではない。トルコ皇帝は島の内情に通じていて、またヴェネツィア人の倉庫にどれほどの富があるかも知っていた。さらに彼は、カンディアがレパントに対するキリスト教社会の最後の砦だと考えていた。バーバリ人を追い払ったマルタ騎士団の理想的な作戦基地だっただけに、クレタはトルコ艦隊にとって著しく厄介な砦である。とはいえそれは、地方監察官フォスカリーニ

＊13　ベルナルド・ナヴァジェロ、一五〇七〜六五年。ヴェネツィアの政治家、外交官。

将軍が一五七二年に行なった補強工事にもかかわらず、あまり堅固とはいえない砦である。皇帝はなんとしてもここを攻めたかった。ある偶然の事件がきっかけとなった。一六四四年、一隻のトルコ船が宮廷の要人をのせて航行中、マルタ騎士団の団員によって攻撃され、戦利品はハニアで売却された。皇帝は攻撃の責任をヴェネツィア人や、とくにマルタ騎士団の避難地となっているカンディアに押しつけた。騎士団を罰するために、三五〇隻の艦隊がダーダネルス海峡を離れたが、トルコの本当の攻撃目標はクレタである。不意を突かれたヴェネツィア軍は、島の防衛軍を編成する余裕がなかった。

3　島の征服(6)

トルコ軍は島の東部に上陸し、なんの抵抗にあうこともなかった。五七日間の攻囲戦ののち、そこに残された二万の兵がハニアに入った。次の戦いは一六四六年にあり、その結果トルコ軍はレシムノを支配することとなった。一六四七年には、ときには住民の寝返りもあって、スファキアとシティアを含む島の大半の部分が彼らの手に落ちた。一六四八年にはスダが包囲され、残るはカンディアだけとなった。

4　カンディア攻略

カンディアの攻囲戦は二〇年間つづいたが、それはモロジーニ[*14]を中心とするヴェネツィア軍の抵抗と、これを攻めるトルコ軍との攻防の繰り返しでしかなかった。ヴェネツィアは海上では勝利したものの、カンディアを救うことはできなかった。一六六六年十一月、トルコの宰相キョプリュリュは自ら部隊を指揮するために戦地にやってきた。彼は軍勢八万とヨーロッパでは最大の大砲をそろえ、塹壕を掘らせ、角面堡と砲台を建設させた。そして一六六七年五月二十三日から十一月十八日までの間、三二回の攻撃がかけられた。ヴェネツィア軍は一〇万リーヴルの代償金と、二万五〇〇〇リーヴルの年貢とひきかえにクレタを譲るがどうかと皇帝に提案した。「我々は征服するためにきたのであって、取り引きするためにきたのではない」と、宰相は答えた。

5 ヨーロッパの介入(7)

自力で島の防衛を果たす自信のなかったヴェネツィアは、開戦当初からキリスト教諸国に救援を訴えていたが、反応はない。だがカンディアの英雄的抵抗は、次第にヨーロッパを動かしはじめる。実際オスマン・トルコの脅威は大陸でも現われ、一六六四年には、トルコ軍の攻撃がようやくサンゴタールの戦いでくい止められた。十字軍の思想が復活し、それがフランスではクレタへの義勇兵の出兵として具体化した。一六六八年、六八名のフランス士官をともなったサン＝タンドレ・モンブラン侯爵は、カンディ

*14 フランチェスコ・モロジーニ、一六一九〜九四年。第一〇八代ヴェネツィア共和国頭領。二〇年あまりにおよぶトルコの攻囲戦で、ヴェネツィア軍は三万、トルコ軍は八万の戦死者を数えたといわれる。

アで指揮を執るために出発した。ついでフイヤード公爵がルイ十四世の許可を得て、名門貴族出身の兵士六〇〇名を率いて同地にむかった。一六六八年十一月、上陸と同時に彼らは出撃した。だがヴェネツィア軍からの支援が行き届かず、攻撃は失敗し、彼らは一六六九年一月、フランスに帰らざるを得なかった。

同じ年、クレメンス九世の庇護のもとに再度の遠征が行なわれ、ボーフォール、ナヴァーユ両公爵が軍を指揮した。同年六月、彼らはカンディアに着いた。出撃の結果、ボーフォール公は戦死、ナヴァーユ公は、戦力の不足から要塞を解放することが不可能で断念する道をとるべきだと悟った。

6 没落

公の出発を合図に、あいついで戦線離脱がおこった。もはや残っているのは、窮乏と病気で衰弱した六〇〇〇のヴェネツィア兵だけとなった。トルコの最後の攻撃を目前にして、モロジーニは降伏すべき時がきたことを悟った。九月六日、彼は島の明け渡しに調印した。ヴェネツィアにはグラブサ要塞、スピナ＝ロンガ岬、スダが残された。

こうして攻囲戦は、六九回の猛攻、八九回の出撃、一三六五回の坑道爆発の結果、三万人のキリスト教徒と一一万人のイスラム教徒が命を失うことによって終結した。

クレタの犠牲（パッサロヴィッツの協定でヴェネツィアの最後の要塞のすべては放棄された）は、地中海におけるヴェネツィア体制の崩壊の正式な承認であり、「静謐なる共和国」の威光の終焉であった。

第三章　クレタとトルコ

以後、クレタの歴史はオスマン帝国のそれと重なりあっていく。島は無能で腐敗した官僚に服従し、重税に押しひしがれ、あらゆる知的活力を奪われ、相対的寛容性はあるにせよ宗教的信念において脅かされていった。こうした傾向から、国民感情の高まったクレタ島民が、島の開放を求めてギリシアに目を転じるようになる。折しもギリシアは十九世紀の解放運動の口火を切ろうとしていた。

I　十七、十八世紀におけるトルコの政治

征服戦が終わるや島の政治と防衛の任務は、コンスタンティノープルに任命された総督にゆだねられた。(1) 総督が不在のとき、それらは軍の最高指揮官たる宮廷武官に移った。財政は国庫金収入役の所管である。クレタ島は帝国の他の州と同じく、定額小作制度に従った。すなわち総督が毎年あらかじめ

二〇〇万ピアストルを国庫に納め、それから島からの収入でそれを償う方式である。裁判権はカーディと呼ばれる法官が握り、法はムフティというイスラム法権威によって解釈された。

島は三つのサンジャクス（県）に分けられ、それぞれハニア、レシムノ、カンディアを首府とした。汚職で名高い地方総督が統治した。これらの県はさらに郡や町村に分かれた。

トルコの駐屯地は二名から約三〇〇〇名といういきわめて可変的な数の常備歩兵で成り立っていた。島の防衛という点ではいささか少ないが、治安維持のためにはこれで十分である。のちに守備隊は、アルバニア人で構成されるようになった。主力部隊はカンディアとハニアの地を占めた。残りは沿岸部や作戦拠点に分散された。山岳部はスファキア人が事実上独立して暮らし、トルコの追求を逃れている。しかしそれ以外の地ではまもなく宗教上の地理があらわれる。すなわちイスラム人は平地をおさえ、キリスト教徒は山岳地帯を占めるようになった。ランドルフの推計によれば、一六八七年、島は五万人のキリスト教徒と三万人のトルコ人を擁した。オリヴィエによれば十八世紀末には島は二四万の人口を有したが、そのうち半分はギリシア人、残る半分はイスラム人で、後者の大半はキリスト教からイスラム教に改宗した人びととされた。

1 キリスト教徒

キリスト教徒はレアヤー[*1]の境遇に戻された。彼らは兵役からはじかれたが、結果として地租の支払いを義務づけられた。この税金は十八世紀末には総額九〇万ピアストルに達した。またアグハ〔宮廷武官〕とムフティに納めるべき、土地からの収益の七分の一税や一〇分の一税をこれに加えなければならない。司法はイスラム教徒の手に握られ、混宗の法廷は存在せず、法解釈はキリスト教徒にとって不利なものであった。

彼らは、船員か商人以外、島を離れることを許されなかった。若者たちは時折モレアス島に働きにでることはあったが、その場合は税金が要求された。いろいろと腹立たしいことはあったが、キリスト教徒には信仰の実践と保守は認められていた。島で唯一組織化された勢力である聖職者階級は、キリスト教社会の利益とその集合体の守り手となった。皇帝はときには聖職者に課税の配分や徴収の任務を課したり、要求を直接コンスタンティノープルに提示することを許可した。

2 イスラム教徒

キリスト教徒は厳しく扱われ、そのため改宗者の数が増えいった。新しくイスラム教徒になった人びとは、改宗したばかりであるがゆえに、いっそう激しい狂信ぶりを発揮した。しばしば彼らは常備歩兵

＊1 オスマン帝国の住民は、支配層に属するアスカリと非イスラム教徒の従属民であるレアヤーに分けられていた。MO, p.154.

となり、その結果封土を拝領した。

たしかに征服戦争以後、公地は皇帝のものとなったのに、私有地は征服者に対しアグハの称号とともにかつての封土として支給された。ムカッタスは永代制であるが、売買は自由である。一部の大土地所有者はベイと呼ばれる地方長官の肩書きを得、次第に県知事や城塞の指揮官と同化していった。アグハやベイは土地を耕作する農民を圧迫した。

3　経済の衰退

トルコの支配は、クレタ経済の凋落を明示していた。

当時島を旅行した人びとが一致して認めているのは、農業の衰退である。サヴァリー[*2]は「トルコは、拡大を夢想することもなくその土地でのんびり暮らしている」といった。トゥルヌフォール[*3]は、「島で最良の土地さえ、もうほとんど耕地とはいえない」と書いている。後年にローラン[*4]はその著『クレタ島の自然描写』において、やはりキリスト教徒とイスラム教徒の無関心を強調し、細分化されたアグハの所有地が危機に瀕していると指摘した。それによるとブドウ畑は、聖職者の聖務停止の数に比例して減少していた。人びとは小麦を輸入せざるを得ず、島に寄港する船は、積み荷の穀類を売らなければならなかった。木綿はエフェソスやスミルナとの競合に敗れて姿を消し、絹は粗雑に加工された。他方港湾の堆砂や改修工事の不在にもかかわらず、クレタ貿易は活発であった。保有船舶数は、三七五トンのガリオン船四〇隻をかぞえた。クリコ＝ブレルヴァッシュ[*5]はフランスとクレタとの交易の規模を報告している。それによると一七三一年フランス国旗をつけてクレタの港に停泊した船は三六隻、一七三二年には二七隻、一七四〇年には二九隻である。島には商社が三つあり、それぞれオリーヴ栽培を奨励し、その油をフランスに輸出している。見返りにクレタに輸入するのはラングドックのラシャ、リヨンの飾り紐と生地、それに錫、コーヒー、インディゴである。だがこうした取り引きは島の繁栄には寄与しなかった。というのもトルコ政府によって課せられる税金が重かったからである。

Ⅱ　クレタとヨーロッパ

カンディア陥落後ヴェネツィアの関心は、アドリア海の防衛にしかなかった。かつての占領地のキリスト教徒を犠牲にしたわけである。

とはいえ一七六八年の露土戦争のさい、外交的立場からクレタ問題がふたたび議論されるようになっ

＊2　フランソワ・サヴァリー、一五六〇〜一六二八年。十六世紀フランスの外交官。コンスタンティノープル大使。
＊3　ジョゼフ・ピットン・ド・トゥルヌフォール、一六五六〜一七〇八年。フランスの植物学者。
＊4　ヴィクトール・フェリクス・ローラン、一八一九〜一九〇五年。フランスの地質学者、植物学者。
＊5　シモン・クリコ・ド・ブレルヴァッシュ、一七二三〜九六年。フランスの経済学者。

た。エカチェリーナ二世はスパイを送り、オスマン帝国のキリスト教地域を決起させようとした。彼女の使者の一人は、カンディアでスファキアの実力者ダスカロ・ジャニスと連絡をとった。彼の呼びかけで山岳民族は一七七〇年に反乱を起こした。しかし一七七一年一月にロシア－トルコ間の紛争は終結し、スファキア人は同盟軍から見放され、厳しく罰せられた。[*6]

エカチェリーナ二世の眼には、トルコ敗北からトルコ宮廷の弱点が明らかになった。彼女はヨーゼフ二世とトルコ分割をもくろみ、クレタ、キュプロス、エーゲ海は、オーストリアに割譲されたダルマチアの代償としてヴェネツィアに復帰させることを考えた。この考えは新しいものではない。十八世紀全体を通じて分割計画はつぎつぎと生まれた。たとえばクレタをイギリスに帰属させようとするアルベローニからはじまって、それをギリシア帝国に併合させようとするヴォルネイ、小王朝に統治される緩衝国家とするブリヨン・ド・ラ・トゥールにいたるまで数え切れないほどたくさんの議論があった。

一七八二年、人びとはコンスタンティン大公に一任されたギリシア帝国という案に立ち返った。[*7]一七八五年、分割のさいクレタの処理はフランスに任せるという案が出された。ヴェルジェンヌはこれを拒否したが、ナポレオンはそれほど堅物ではない。彼は一七九七年、エジプト遠征のさいギリシアとクレタ島の解放を考えた。そしてナポレオンはアレクサンドル一世にコンスタンティノープルを与えるかわりに、シリア、エジプト、カンディアをフランスがもらうという案を示した。

トルコの敗北とヨーロッパの議論に勢いづいたクレタ人は、島で長期にわたる一連の蜂起をつづけた。

さまざまな精神的昂揚を沈静化させるために、トルコ政府は啓蒙主義者の総督ハッジ・オスマン・パシャをクレタ島に送った。彼は常備歩兵軍を糺し、耕地拡大を企てた。だが彼はトルコ宮廷内の陰謀の犠牲となった。彼の失脚後、聖職者によって指導された総決起の案が秘密結社で考えられた。

III　十九世紀の内乱

1　一八二一年の蜂起

一八二一年初頭、ギリシアから檄が飛んだ。クレタ人はギリシアの反乱分子から派遣されたピエール・スキリッツの指導のもとで決起した。ケラーマで敗れたトルコ軍は沿岸部まで追われ、市内に立てこもらざるを得なくなった。一八二二年五月、クレタ議会がアルメーニで招集され、憲法が可決され、ギリシアへの合併が宣言された。エジプトの総督メヘメト・アリは反乱を抑え込む任にあったが、トルコ軍内ではペストのため大量の死者がでた。一方反乱軍は、島の規模とギリシアからの距離を考慮し

＊6　ロシア軍は援軍派遣の約束を実行せず、ジャニスはカンディアの広場で生きながら皮剝の刑に処せられた。VC, p.30.
＊7　シャルル・グラヴィエール・ヴェルジェンヌ、一七一七〜八七年。伯爵、ルイ一四世時代の外相。

て、ギリシア政府とは別の政権をつくり司令官を置くことにした。司令官トンバジス[8]は、逃亡したイスラム教徒の土地を、クレタに来て自分の部隊に加わったギリシア人叛徒に与えると約束した。彼はまもなく三万の兵を得た。しかしイスマイル〔メヘメト・アリの三男で遠征軍総司令官〕の艦隊が一八二四年初頭、ギリシアとクレタのあいだを切断したので、反乱軍は降伏せざるを得なかった。

アドリアノープル条約（一八二九年九月四日）は、彼らの希望に応えてはくれなかった。条約は独立王国ギリシアからクレタを切り離した。一八三〇年十一月二十一日、クレタ議会はこの除外に対して厳粛に抗議したが、イギリスの影響力に支配されているヨーロッパの列強は、「恣意的で抑圧的な行動からの保護」以上のことを島に対して約束することを拒否した。

2　エジプトのクレタ

皇帝マフムド二世に対する勝利の結果、クレタの反乱鎮圧に決定的な役割を果たしてきたメヘメト・アリは、シリア、キュプロス、クレタを手中に収めた。彼に島の統治を任されたアルバニア人ムスタフ・パシャは、常備歩兵を廃し、封土の一部を没収して土地所有の整備をはかった。彼はそうした土地でのオリーヴと桑の栽培を奨励し、二つの混成議会を組織し、亡命者を呼びもどした。キリスト教徒の人口は九万から一二万に増えた。

一八四〇年十一月、イギリス－オーストリアの連合艦隊はアレクサンドリアを爆撃し、メヘメト・アリは征服地を取りもどした。

3　一八五八年から六八年までの危機

ムスタフ・パシャは一八五〇年まで島で支持された。だが後継者たちは彼ほどの器量がなく、彼の政策は見通しが立たなくなった。一八五六年三月三十日のパリ条約は、コンスタンティノープルがその統治下にあるキリスト教徒の置かれた生活条件を改善することを定め、トルコの改革勅令《ハッティ・フマユン》はこの期待に応えるものであった。勅令はキリスト教徒とイスラム教徒に宗教上と市民生活上の平等を保障していた。だがイスラム教徒から大量の改宗者がでたため（その多くは必要に迫られてイスラム教を採用した人びとである）、ヴァリー・パシャは改宗の自由を再検討しようとして、民衆の蜂起にあい、更迭されざるを得なくなった。

一八六六年カンディア市民はトルコ皇帝に対し誓願を提出し、改革勅令の厳密な適用を求めた。しかしコンスタンティノープルに拒絶され、一八六六年八月の集会で、クレタのギリシアへの統一が改めて宣言された。イギリスはヨーロッパ諸国に不干渉を呼びかけたが、ギリシアは義勇兵を派遣した。彼ら

＊8　エマニュエル・トンバジス、一七八四〜一八三一年。ヒュドラ出身で対トルコ戦で活躍した独立派戦士。

の一部は、アルカディ修道院の廃墟で死んだ。[*9] ヘラスの世論に押されて、ギリシア政府は正式な介入にのりだした。戦争勃発の危機を前にした一八六九年一月九日、パリで会議が催された。会議では出席を拒否したギリシアの内閣にクレタにおけるいかなる軍事行動をも慎むよう勧告がなされ、アテネはこれに従わざるを得なかった。

4 改革

クレタ島は絶えず、心配の種をヨーロッパに蒔きつづけた。

一八六八年新たな憲法によって、ギリシア社会には島の行政に参加する道が大きく開かれた。一八七八年の露土戦争終結後のベルリン条約は、スルタンに対しその有意義な規則をきちんと実施するように要請した。だが実際には規定は中途半端にしか適用されなかった。アブドゥル・ハミドは、一八八八年の混乱に乗じてある外交文書を発表した。一八八九年十月二十六日付のその文書は、規定をいっそう無力化する内容であった。とはいえ一八九五年、彼は議会の圧力を受けてしかたなく総督にキリスト教徒のカラテオドリ・パシャを指名した。これに抗議するため、役人や駐屯部隊は新しい総督にしたがうことを拒否し、イスラム教徒はキリスト教徒を虐殺しはじめた。その反動でギリシアの総領事の後援のもとに革命議会が結成された。一八九七年一月と二月に新たな虐殺がくりかえされた結果、ギリシア海軍の艦隊が、反乱軍の救援に派遣された。さらにヴァソス大佐[*10]に指揮される特別部隊が、島に上陸してギリシアによるクレタの占領を宣言し、総領事が国王代理の資格を取得した。トルコ皇帝はヨーロッパの列強にクレタ問題の解決を要請した。フランス、イギリス、ロシア、イタリア、オーストリアそしてドイツが戦艦を送り、最終的にハニア、カンディア、レシムノ、シティアにトルコ軍の同意を得て駐留した。ヨーロッパ諸国の政府は、オスマン・トルコの一体性を損ないかねないようなギリシアのクレタ併合を認めることを拒否するということだ。一八九七年三月二日、最後通牒がアテネに突きつけられた。ギリシアはクレタ占領を放棄しスルタンの治下にあるクレタの自主性を承認せよ、という内容である。同様の覚え書きがトルコにも送られ、島からトルコ軍の撤退を求めた。「ギリシアにとってクレタは大きな島である。それは海つづきのどこよりも親しい島であり、隣人としての島であり、他のいかなる島よりも苦しみ、闘ってきた島である」（E・ドリオー）。ヴァソスを呼び戻すことは、アテネでは考えられないことだった。四月十八日、決定を守らせることができないヨーロッパ諸国を尻目に、ギリシアとトルコの間で戦争が始まった。戦いはギリシア側の敗北に終わった。ギリシア政府は屈服し、島から軍を撤退させざるを得なくなった。クレタは自治国となった。

＊9　フランスとロシアは統一を支持したが、イギリス政府が反対した。スルタンは鎮圧のためエジプト軍を送り込み、降伏を迫られた義勇軍は避難先のアルカディ修道院で、一八六六年十一月七日、修道院を爆破させた敵兵を巻き込み、院長とともに爆死した。MGC, p.181-182, WG, p.236.
＊10　ティモレオン・ヴァソス、一八三六～一九二九年。クレタ島派遣隊指揮官。

Ⅳ　クレタの自治（一八九七〜一九一三年）

自治国という観念は、イギリスが考えたものである。フランスの外相G・アノトーはこの島の立場を次のように定義した。

クレタはトルコ皇帝によってヨーロッパの手に託された国で、今後トルコの封土として自治行政権を享受するであろう。(2)

1　提督たちの政治

数か月間、六つの国定区域に分かれたクレタは、全権を託されたヨーロッパ諸国の提督からなる委員会に統治されることとなった。

オスマン・トルコの支配権は守られ、ハニアにはオスマン・トルコの国旗がはためき、カンディアには、あいかわらず総督が滞在し、クレタ議会は提督たちの権威を認めることを承認した。

しかし提督たちはトルコ行政府の解体、警察力の不在、税金の支払い拒否、悪意に満ちたドイツ軍の撤兵といった問題に遭遇した。そうしたことから提督に代えてなんらかの君主をたてることとなった。

白羽の矢はギリシアのゲオルギオス公、すなわちギリシア王の子息に当たった。だがトルコ皇帝は、彼を島の総督として認めることを拒否した。そこで人びとは皇帝の同意なしですまそうと、公を島の高等弁務官にすることに決めた。提督たちの全権を公にわたせば、スルタンの叙階はまったく必要ないというわけだ。ただし彼の任命には、任期は一応三年、その間にトルコ皇帝から支配権の承認を得るという条件がついた。

ゲオルギオス公は一八九九年十二月二十一日に島にやってきた。同じ日、フランス提督ポチエは彼に島の行政を託した。

2 ゲオルギオス公の政治

委員会が憲法を策定し、選挙によって一三八名のキリスト教徒と、五〇名のイスラム教徒が議員に決まった。

一八九九年から一九〇四年までは、クレタにとって穏やかな期間であった。だが三つの流れが生まれた。すなわち、

a）現状維持派。この派は領事館関係の人びとである。

b）併合派。これは一刻も早くギリシアへの統合を願う人びとで、陣頭に立つのはゲオルギオス公。彼は自分はヨーロッパの代表であると同時に、父ギリシア王の代理であると宣言した。

c）自治派は現体制を併合前の必要なステップと考えており、その推進者はヴェニゼロスである。エレフテリオス・ヴェニゼロスは一八六四年ハニアに生まれたが、二年後の一八六六年の弾圧のさい父親に連れられて逃亡した。アテネ大学を優秀な成績を収めた後、クレタにもどった彼は弁護士として身を立て、政治活動でも一八九六年頃から最高の地位を占め、ゲオルギオス公周辺の腐敗と公の権威主義的手法を議会で糾弾した。(3)

3　一九〇五年の革命

一九〇五年春、クレタ政府に対して反乱が起こった。ヴェニゼロスはその先頭に立って指揮をした*11。ゲオルギオス公は顧問たちから見捨てられて、政権の職を放棄せざるを得ない。ヨーロッパ列強は現状維持を通すために、ギリシア王に別の高等弁務官をたてることを提案した。王は元ギリシア議会の議長ザイミスを指名したが、彼は列強の擁護者であり、王の代理人ではない。その権限は五年と限られた。

4　一九〇八年のクーデター

実際には彼は三年しか仕事をしなかった。ブルガリアが独立したとき、ザイミスの不在に乗じた「四人委員会」が彼を更迭、一九〇八年十月十日、彼らは島のギリシアへの統合を宣言した。同十二日議会は同じ内容の決議を可決し、ザイミス失脚を発表した。イギリスをのぞいたヨーロッパはこれに反応せず、外相として入閣したヴェニゼロスを含むクレタ執行委員会を承認さえした。ギリシア政府はイギリスを満足させるため、列強の部隊が撤退するまで合併を延期することを受け入れた。したがってクレタ体制は、依然として「曖昧で、取引可能」な状態にとどまった。一九一〇年、選挙で成功を収めたヴェニゼロスは、ギリシア王からギリシア中心の内閣をつくるよう求められたが、統一は軍事上の問題であると公言した。これによってギリシアとの合併は戦争から生まれるべきものとなった。[*12]

＊11 ヴェニゼロスはハニア近郊のテリッソスで革命会議を招集し、ギリシア国旗を立てて統一を宣言した。VC, p.33.

＊12 「しかしのちにふりかえってみれば、一九〇八年という年を分水嶺たらしめている明白な変化の一つは、これらの出来事［バルカン諸問題］から近代ギリシア史に最もダイナミックな人物、クレタ出身の政治家エレフテリオス・ヴェニゼロスが傑出した姿を公に現わしたことであった。彼の出現をもって、ギリシアがたんに玩具や犠牲あるいは傍観者ではなく、初めてバルカンの政治において主導的勢力となることができたのである」WG, p.249.

第四章　クレタとギリシア

クレタのギリシア化への使命は達成間近になっていく。

I　ギリシアの統一

一九一二年、トルコ帝国は二重の危機を経験しつつあった。一つはトリポリタニアをイタリアに奪われかねないという危機である。もう一つは青年トルコ党が一九〇八年に政権の座についたことである。とくに後者の国籍上の圧政はマケドニアのキリスト教徒たちの蜂起を触発した。当然ギリシアは、こうしたオスマン・トルコの問題を利用して、一八九七年の敗北の報復をしようとした。一九一二年、ギリシアとセルビア、さらに同じ流れのなかでギリシアとブルガリアのあいだで結ばれた条約から、バルカン同盟が生まれた。これらの同盟諸国は、トルコ政府に帝国内の改革の導入を促した。一九一二年十月十八日、トルコ側の拒否にあったギリシア政府は、クレタ出身の議員にギリシア議会の議席を認め、対トルコ戦を宣言した。各地の戦いに敗れたトルコは、休戦協定を締結せざるを得なかった。一九一三年五月三十日、ロンドンで準備交渉が行なわれた結果、エノスからミディアを結んだ線の西側のトルコ領すべてが放棄された。ヨーロッパ列強の反対はまったくなく、結局クレタはギリシア王国の領土となった。

一九一六年、第一次世界大戦のさなか、ギリシアは対ドイツ戦への参戦に傾いたヴェニゼロスの政策を支持した。

II　両大戦のはざまで

1　ギリシアの政治

ギリシアに併合されると、クレタは新たな行政制度を得て、四つの県すなわちイラクリオ（カンディア）、ハニア、レシムノ、ラッシティに分割され、各県には知事がアテネの政府より任命された。さらに県の下位に選挙母体となる二〇の郡《エパルキア》、さらにその下に一四〇五の村が集まった五五〇の町があった。各町では町長、助役、選挙制の議会があった。ギリシア王国の州であるクレタの行政は、農業、教育、公共事業、など各種の業務を統括する総督によって運営された。総督は議会によって補佐された。

2　人口の変動

ムスタファ・ケマル[*1]の指導のもとに起こった覚醒運動の激しさは、ギリシア人を驚かせた。一九二一年一月、ギリシア軍はイノニュで敗れ、反撃しながらアンカラまできたが、最終的には一九二二年八月、トルコ軍によって退却させられ、小アジアから撤退を余儀なくされた。この戦いは、アジアから帰国を迫られたギリシア人一〇〇万の移住によって決着がついたが、ヨーロッパのトルコ人三〇万人（その大部分はクレタ出身者）は現地にとどまることとなった。多くのクレタ系イスラム教徒は、スミルナ〔現在のイズミール〕に落ち着いた。

3　ギリシア世界におけるクレタ島の位置

沿岸航海船によって本土と結ばれるようになったクレタは、ギリシア社会のなかに定着したばかりでなく芸術の分野でも指導的役割をはたした。一九二七年以降、カンディアで発刊した雑誌『新ギリシア通信』は大きな影響力を発揮した。一八八五年カンディアに生まれたカザンツァキスは、その作品『その男ゾルバ』のなかで生まれ故郷である島につねに大きな意味を与えた(1)。

Ⅲ　第二次世界大戦中のクレタの立場

アルバニア占領から数えて四年後に起こったアビシニア戦争[*2]から、東地中海とバルカンにおけるイタリアの狙いの何たるかをギリシア政府は悟った。ギリシアの内閣はこのイタリアの脅威を前にして、ドイツから莫大な投資を受けているにもかかわらず西欧民主主義諸国への接近を構想し、イギリスとの通商条約に調印した。その結果ヒトラーのヨーロッパ侵略にさいして、ギリシアはイギリス側に立つこととなった。さらに一九四〇年十月二十八日、ギリシア領への自由な自軍の接近許可を求めたムッソリーニの最後通牒をギリシアは蹴った。このギリシア政府と歩を合わせて、十月三十一日、イギリス軍はクレタのスダ基地を占め、マレメ、レシムノ、カンディアに飛行場を設置した。一方クレタ第五部隊を構成する派遣隊はマケドニアの戦勝に寄与し、アルバニアに侵入した。だが一九四一年四月、フォン・シュトゥンメに率いられたドイツの攻撃隊は、アドルフ・ヒトラー装甲軍団を操ってモレアス南の沿岸を襲った。以後ドイツ空軍はクレタから一六〇キロの点において、制空権を握った。

＊1　ムスタファ・ケマル・アタテュルク、一八八一年～一九三八年。オスマン帝国の将軍、トルコ共和国の元帥、初代大統領、トルコ独立戦争とトルコ革命の指導者。

＊2　一九三五年、エリトリアのイタリア植民地とアビシニア帝国との国境付近を、イタリア軍が通過したことから起こった紛争。

島の防衛のためにカニンガム海軍司令官はエーゲ海に陣取っている強大な海軍力を使って、海上でのイギリスの主導権を確保しようとした。これに対し陸地における戦力は、それほど強固ではなかった。こうした条件のなかで、ドイツはかなり大胆にも空からのクレタ制圧を考えた。レール将軍に託された独自の指揮によって、参戦するあらゆる小隊の協力は確保された。一九四一年五月二十日、ドイツの攻撃が始まった。それは数日前からの激しい空爆によって準備されていた攻撃だった。標的は島部北岸の空軍基地である。五月二十一日、三〇〇〇名からなる落下傘部隊がマレメを占領したが、すぐに利用することはできなかった。というのも部隊は高台にいるイギリスの砲兵隊の絶え間ない砲火にさらされていたからである。レシムノとカンディアの襲撃はさして成功しなかった。だがイギリス艦隊に猛爆をくわえる急降下爆撃をはじめ、ドイツ空輸師団からの大規模な応援のおかげで、ドイツ隊は海と陸の両方からモレアスまですすんだ。五月二十五日、マレメの基地が解放され、ドイツ軍は南側からハニアに向かう進軍を企て、二十七日、この都市は落ちた。あいついでレシムノ、カンディアからも、イギリス軍は撤退しなければならなかった。五月二十八日、カンディアの防衛軍はローリング提督の率いる巡洋艦に乗船した。他のイギリス隊は南岸に面したスファキアに逃れ、そこから救出された。三十一日、イギリス軍はクレタ島から全面的に撤退した。イギリスの戦傷死者は約一万五〇〇〇名だったのに対し、ドイツ軍のそれはわずかに六〇〇〇名だった。しかしドイツは五〇〇機以上の航空機を破壊され、あるいは損害を受けた。ギリシア軍は島内では微弱で、めぼしい働きはしなかった。(2)

クレタ島とギリシア

クレタ戦の投げた波紋は大きかった。一見、ヒトラーの勝利は圧倒的だった。彼は歴史に名を残す最初の空爆作戦を成功させた。バルカン半島とエーゲ海は彼の支配下に入った。一九四一年六月十八日、トルコはドイツとの不可侵条約に調印した。だが実際にはギリシアついでクレタで起こったレジスタンスが、ソ連への攻撃を一か月以上遅らせていた。さらにクレタ征圧は、地中海におけるドイツの潜在的戦力を怪しくさせていた。チャーチルは『回想録』のなかで、「ゲーリングはピリュスの勝利〔引き合わない勝利〕しか手にしなかった。というのは、彼にこの戦いに投入しただけの兵力があれば、キュプロス、イラク、シリアあるいはペルシャさえも容易に与えたかもしれない」〔CD, p.337〕といっている。

しかしクレタでは新たな問題がはじまっていた。それは飢え、財産没収、収容所送りなどクレタにとってきつい問題だった。大陸にならって抵抗運動が組織された。ギリシア人の運動組織はクレタ島に代表を送り込んだ。すなわち、

・ＥＯＫ〔クレタ民族組織 Εθνική Οργάνωση Κρήτης〕—これは自由主義的、反共産主義的、大陸指向型の組織である。

・ＥＡＭ〔民族解放戦線 Εθνικό Εργατικό Απελευθερωτικό Μέτωπο〕—これは共産主義的傾向が強く、のちにギリシアの内乱が勃発すると決定的役割を果たすが、クレタでの影響力は弱かった。

などである。ゲリラはドイツ軍の重要基地がある山岳部で動きを止めた。(3) だが一九四四年、クレタは解放されても、レジスタンス派同士のあいだで対立がおこった。

最終的に戦争によって島は、高い割合の人口を失った。六つに五つの村が破壊され、ハニアとイラクリオが罹災した。

Ⅳ　経済状況

第二次大戦以後、クレタ島は低開発の地であることが知られた。その理由は何か？　それには島が大陸から離れていること、行政構造が古いこと、銀行組織が不足していることなどが挙げられるが、とく

に一九四四年以降のインフレと政党に対する無関心が挙げられる（クレタは一九四八年の選挙で自由党の勝利に貢献したが、一九六一年には大規模事業の推進派であるカラマンリス氏[*3]の党に宗旨替えをした）[4]。

1 人口

クレタの人口は、一九二八年の三八万六四二七人から、五三年には四七万五八〇〇人に増えた。南岸部には気候、土壌、港湾に恵まれて人口の半分以上が集中している。人口増加率は戦前の一・二二パーセント（一九三八年）に対し、戦後は二・三パーセント、自然増加率は一・五パーセントである。乳児死亡率がかなり低下したことは注目に値する。全体の死亡率低下は、イタリアやフランスと比較しても遜色がない。とはいえこうした戦後の人口増加は、島民の限られた資源に対して圧力となって作用している。島民一人あたりの年所得は、一九五三年には七四ドルであった。

2 農業の不振

島民の八〇パーセントが土地を利用して暮らしていながら、農業は生産物についても技術についても

＊3　コンスタンディノス・カラマンリス、一九〇七〜九八年。首相、大統領を務めた二十世紀ギリシアの政治家。

改革がまったくなされていない。島の面積の三分の一は耕地だが、期待できる肥沃な土地は七パーセントしかない。

土地所有者の九六パーセントは小規模な耕地しかもたず、多くの場合彼らは初歩的なやり方でオリーヴ（耕地の九七パーセント）、ブドウ（八〇パーセント）、穀物（八三パーセント）を栽培している。牧畜は羊と山羊にかぎられる。野菜は非常に重要である（畑地の五〇パーセント）。

したがってクレタの農業生産高は次のように計算される〔一八一頁〕。

戦後アメリカは経済援助の枠内でマリアとラシティの干拓事業に協力し、事業に必要な資材や化学肥料を買わせ、この事業を実施するために大きなキャンペーンが張られ、これに協力するために農民の七〇パーセントが巻き込まれた。だがその結果はなお不透明である。とはいえ促成栽培や柑橘類、輸出向けの果実などは進展をみた。

3　工業化

一九二〇年から三〇年にかけて起こったギリシアの工業化の波は、クレタには届かなかった。この工業化は、ギリシア王国の産業の二パーセントにしか相当しなかったからである。戦後になってイラクリオ（カンディア）はアテネ、サロニカ、パトラについでギリシア産業都市第五位にのしあがった。しかし島の工業発展には、そのブレーキとなるたくさんの要因があり、なかでも大きい障害は島内における

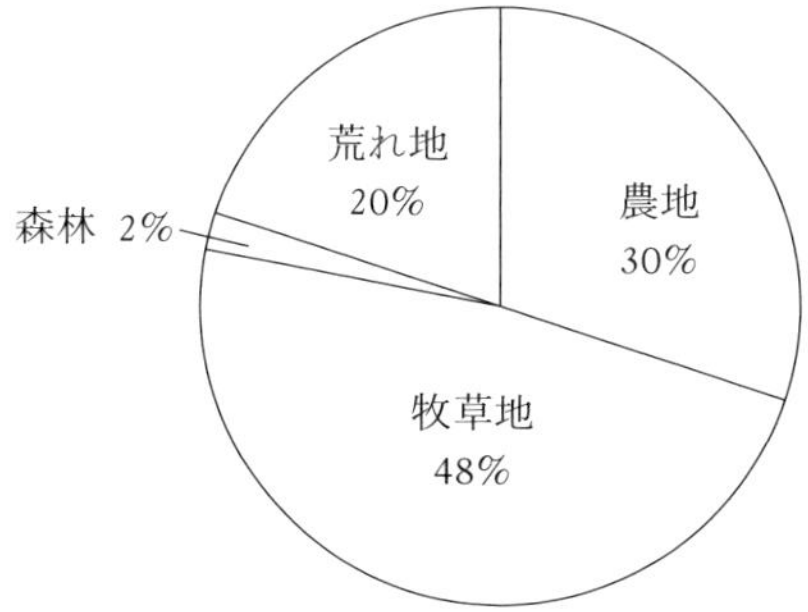

クレタの土地の分布*

小麦	1,260,000 t	卓用ブドウ	18,700 t
小麦以外の穀類	2,930,000 t	ワイン用ブドウ	55,100 t
乾燥豆	4,000 t	オリーヴ油	43,500 t
ジャガイモ	34,000 t	柑橘類	500,000 t

農業生産高（推定）*

*いずれも原書が刊行された1979年当時の資料

エネルギー源の不足である。キサモスの西で小さな石油の層が発見されたが、生産するほどのものではない。占領中、ドイツは小さな二つの亜炭層を活用した。その後九つの層の位置が特定されたが、いずれも港や都市からは遠く、開発は困難で費用もかかる。したがって農業を基本として、ワインの醸造、フルーツジュースの製造などの関連産業を確立する以外道はない。

4 貿易

輸入品の分布は以下にみるように、食料品が二六パーセント、建築材が三三パーセント、肥料が一〇パーセント、石炭と石油が一一パーセント、となっている。輸出高は輸入を超過していて、オリーヴ油、乾しブドウ、柚、アーモンド、イナゴマメ、さらにハニアのバナナなどがイギリス、中央ヨーロッパ、エジプトにも買い手を見いだしている。

5 クレタ島の未来

一九六一年七月九日、ギリシアは共同市場[*4]への参入を果たした。六か国の経済と徐々に接触していくという柔軟な体制が予定されたが、この参入は、統括省策定の五か年計画で定められた拡大のペースを、ギリシアのあらゆる州におしつけることとなった。つまり協力組織は、タバコや穀類よりも輸出に有利な作物の栽培に舵を切るよう求められた。これがギリシア経済にとって、覚醒効果があるのだろうか？

6 共同市場

最初の効果は、喜ばしいものではなかった。たしかに特殊な作物（食卓用ブドウ、シャキアの蜂蜜、メサラのバナナ）への方向づけはあったが、工業化はほとんど進まなかった（一九六六年のイラクリオで、五〇名以上のサラリーマンを雇用したのは、一三社しかない）。全体としては、籐製品製造の職人的段階にとどまっているのだ。イラクリオ付近にアメリカ軍基地が建設されたことも、期待された活力にはならなかった。あとはもう観光次第だ。この点では島にはチェーン・ホテル（ハニア）があり、最新式の娯楽設備を用いて逗留地ミノス・ビーチを売りにした。これはイラクリオから五〇キロくだった（アテネからは空路で一時間）アギオス・ニコラス付近にある一〇〇棟ほどのバンガローから成り立っている。しかし一九六七年以降の政治事情により、発展にブレーキがかかった。*5

一九五一年以降、都市部ではそれなりに発展がみられた。イラクリオの人口は、一九四〇年の三万九〇〇〇に対し、一九六一年には六万三四〇〇、一九六七年には七万をこえた。ハニアは一九六一

*4 欧州経済共同体のこと。一九五七年に設立されたベルギー、フランス、ドイツ、イタリア、ルクセンブルク、オランダとの間での経済統合を実現することを目的とする国際機関。

*5 現在アギオス・ニコラスは、高級ホテルをふくむ、夏季の一大観光地なっている。VC, p.181-184.

年の三万三四〇〇に対し、一九六七年には四万以上となった。とはいえ島外への流出も絶えず増加している。かつてクレタは「貧しい資源と稠密な人口にもかかわらず難攻不落の要塞」（ケゼール）だったが、現在では新たにアテネ人の九パーセントをもたらす島となっている。ドイツへ移住するギリシア人では、その五六パーセントがクレタ人であり、ベルギーに向かって発つギリシア人の一一パーセントはミノスの島の出身者である（オーストラリアへは一〇・八、合衆国へは三・八パーセント）。

クレタは左派の政党に好意的だが、アテネの軍政確立にも、コンスタンティノス国王の反革命にも反応しなかった。[*6] 大佐らが失脚すると島外流出に拍車がかかり、農村や都市の人口減となったが、イラクリオだけは、小規模な工業のゆえに、この二〇年来二パーセントの漸増をみた。

＊6　一九六七年四月二十一日、パパドプロス大佐が率いる士官たちが、権力を奪取し、憲法を破棄した。同年十二月、国王は反革命を起こしたが失敗しローマに逃亡したが、王政は一九七三年までつづいた。WG, p.391-395.

結論

以上がクレタ島の波乱に富んだ歴史である。この島は地中海世界のあらゆる帝国の侵略にたちむかった。その変遷は、地中海の変化そのものである。

イエス・キリストより二〇〇〇年前、島は古代社会の最初の海洋国家を生んだ。今日なお神秘に閉ざされている過去のなかから現われたミノス王は、当時最強の君主の一人であった。そのクレタも、いまやギリシアのなかの低開発の一州にすぎなくなった。

キュプロス島やロードス島と同じく、クレタもまた何とも不思議な運命をたどった島である。地中海にかんする大作において、フェルナン・ブローデルはこれらの島の歴史から、次のような教訓をひきだしている。

不安定で、狭くて、危うい生活……それがこれらの島に与えられた共通の運命だ。あるいは閉じられた島の生活、といってもよかろう。だが島々の外に向かって開かれた活動、あるいは歴史の舞台で果たした役割は、そのような過酷な世界からは考えられないような大きな広がりをもっていた。思えば大きな歴史の本流は、しばしばこれらの島に行き着くのである。あるいは歴史が島を利用している、というのが正しいのかもしれない……。強力な海上ルートに接する島々は、必然的に大きな関係をもつ活動と結ばれていく。だからこそ大きな歴史のある分野は、つねに日常的な存在と重なり合うのである。

訳者あとがき

クレタ島は日本ではあまり知られていない島である。高校や大学で世界史を選択した人でも、知っているのはせいぜいクノッソスの宮殿までで、十九世紀末にそれを発掘したエヴァンズや、そこで発見された線文字について何らかの知識を持っている人はさらに少ないだろう。

確かにトロイの遺跡を発掘したシュリーマンの名は、彼が戦前日本に来たことや、『古代への情熱』というその著作が翻訳されていることから、より広く知られているにちがいない（一八六四年、シュリーマンはチュニスを出発してエジプト、インド、東南アジア、中国を経て日本にやってきて、八王子や原町田に寄った）。

私がこの島への関心を抱いたのも、ほんの偶然の結果にすぎない。つまり二〇〇一年にギリシアへ旅行したさい、計画通りアテネのパルテノン神殿を見物したり、デルフィの現地ツアーに参加した後、余った二、三日でどこへ行こうかと考えた。ふとクレタ島というあまり訪れられない島が、私の心に浮かんだからである。

その訪問の体験についてここで書くつもりはないが、とにかくこの旅が刺激となって帰国後メモ代わりの旅行記を書いた。そのさいクレタの地図、旅行案内書、研究書、さらには地中海の歴史や美術にかんする和書はもちろん、英仏から若干の書物も取り寄せた。そうした中でもとくに、クレタ島の歴史を古代のミノア文明から現代まで一貫して叙述している点で珍しい一冊が、テュラールの本書（Jean Tulard, *HISTOIRE DE LA CRETE*, PUF, QSJ, 1018, c1962, 3e édition mise à jour : 4e, 1979）であった。

読めば分かるようにテュラールは、クノッソスを発見し、ミノア文明の研究の基礎を築いたエヴァンズとその功績の説明のために、またこの文明の繁栄から衰退にいたるまでの過程の叙述のために、本書の半分以上の紙数を割いている。エヴァンズはミノア時代を前期、中期、後期と三段階に分けさらにそれらをⅠ、Ⅱ、Ⅲに細分化して分類した。のちに若干の修正を受けたとはいえ、本書二二頁に挙げたこの分類表は、今日なお考古学的時代区分の重要な手段として利用されている。彼の発見した粘土板のうち線文字Bは一九五二年にヴェントリスによって解読され、古代ギリシア語で書かれていることが判明した。そうした世界史上の重大な発見の成果にもとづいたクレタの歴史であるがゆえに、古代の叙述が膨らむのは当然だが、さらに原始時代からヘレニズム時代を経てローマ時代の終焉にいたるまでの記述を加えると、実に全体のほぼ四分の三のスペースを使って、テュラールは我々を中世の入り口に導く。

もちろんそれ以後の歴史が疎かにされているわけではない。中世以後のクレタ、すなわちキリスト教時代のクレタ、アフリカのファティマ朝によるイスラム化されたクレタ、ビザンティン帝国支配下のクレタ、ヴェネツィアからの移民によって統治されたクレタ、さらには第二次世界大戦中、ドイツ軍とイギリス軍との戦いの舞台となったクレタ……、つまり千数百年の歴史の波に翻弄されながらも、島の独自性を守りつつ生き抜いたさまざまなクレタが、小さなスペースのなかで描かれていく。絵画の手法でいえば克明細密に描かれた遠景からはじまって、視線が現代に近づくほど簡潔で手早い筆致で中世、近代、現代のクレタの足取りがたどられ、前景がこの遠景を浮かび上がらせるようとしているかのようだ。

とはいえ二十世紀にクレタの歴史の研究はまだ端緒についたばかりで、謎に包まれた部分の大きさはなお計り知れないといわなければならない。たとえば先述の粘土板のうち、線文字Bよりも古く、しかも島内でより広く普及して歴史的価値がきわめて高いと思われる線文字Aは、何語で書かれているかも分からず未解読のままである（線文字Bの解読後、ヴェントリスは交通事故で亡くなった）。ある研究書によれば「島は近隣諸島よりずっと早くから人間がすみついていた」とされるが、それはどういう人びとだったのか。クノッソス宮殿広場下層の発掘では、前六〇〇〇年頃の無土器新石器時代の層が確認されているとされるが（参考文献 SSK, p.18）、それはどこからきた民族だったのか？　旧石器時代の遺跡は本当に存在しないのだろうか？　なぜミノア芸術は、あんなにも自由で伸びやかなのか（本書が分かりにくいと感じる読者には、是非とも図書館の大型美術書、地図、あるいはインターネットでクノッソスをキーワードとして検索し、ミノア文明やクレタ芸術の素晴らしさを眼で確認していただきたい)? ギリシア神話の主神たるゼウスが、なぜクレタという本土から孤立した位置で誕生したのか? ゼウスがアルカディアで生まれ育ったという異説がなぜ存在するのか? 地峡と山脈と平野が複雑に耕作するな地形の大陸、半島、無数に島が点在するエーゲ海、そうした地理的条件と、複数の神を崇める多神教の神話との関係をどのように考えたらよいのか……そういった疑問がつぎつぎに沸いてくる。

エヴァンズのクノッソスにおけるの宮殿の発掘を知ったとき、フランス象徴派の詩人アンリ・ド・レニエは、一九〇四年、「ゴーロワ・デュ・ディマンシュ」紙に書いた。

一人の魔術師が、その杖で地面を叩いた。すると古代クレタ王の居城が、光の中に現われた(Alexandre Farnoux, *Cnossos : L'archéologie d'un rêve*, Découvertes Gallimard Archéologie, 1993, p.93)。

現われたのは宮殿ばかりではない、我々現代人を魅了し、さまざまな問いを発するスフィンクスがそこにはいたのである。

	1991年	2015年	
クレタ島	53万9938	62万1340	(伸び率15.1%)
ギリシア全土	1025万	1093万	(伸び率6.6%)

なお著者は最終章においてクレタ島の未来について考察しているが、その視線はギリシアの欧州共同市場参入までで、それ以後EUへの加盟、オリンピックの催行、その後の経済破綻といった激動を経験したギリシアの考察はない。といってこの現代史の局面におけるギリシアをどうみるかという途方もなく大きな問題を論じるのは、浅学な訳者の及ぶところではないが、一応知り得た人口統計や幾冊かのガイドブックにもとづいた以下の記述もって補記に変えたい。

すなわち四半世紀のクレタ島とギリシア前の人口の伸び率を比較すると上のようになる。

二〇〇九年に始まった財政危機を反映して、本土は三年間で二〇パーセント前後の落ち込みを記録した。しかしクレタ島の人口伸び率が本土のそれを大きく上回るからといって、必ずしも島の経済順調に発展してるわけではない。なぜならば島の流入してくる人口は本土ばかりでなく、バルカン諸国アルバニアから移住者が多く、就労人口の四〇パーセントが従事する観光業に職を求めてくるからである。一方ドイツ、イギリスからの移住者は都会に居住地を持って富裕層を形成し、貧富の格差、民族的緊張も生まれている(MC, p.38-42)。ちなみにクレタ島の歴史的遺跡と温暖な気候を求める観光客のうち、ドイツ、イギリス、スカンジナヴィアなどの北ヨーロッパの人びとが訪問客全体の六五パーセントを占める（MC, 38）。

こうした観光業に極端にかたよった経済活動が、島民に及ぼす影響は決して良好なものばかりではない。たとえばある統計では島民の二人に一人は銃をもち、また別の一説では、島内に一〇〇万丁の武器が流通しているとされる（VC, p.42）。戦時中マキで戦ったクレタ人の抵抗精神には、島外からのレジャー産業の進出さえ、敵意をもって見てしまうのかもしれない。

いずれにせよ、近過去と現在の間に半世紀近い空白がある以上、まずこのギャップを埋める研究がなされなければなるまい。

なお翻訳にあたってはフランス語の難解部分に関してはフランス国立科学研究所研究員、クレール・カプレール女史からご協力を頂いた。また再校のゲラに目を通して視力の衰えつつある訳者を助けてくれた旧友佐藤悠宣氏、編集において適切な助言をいただいた小川弓枝さんに深い感謝を捧げたい。

二〇一四年十二月

幸田礼雅

略記号一覧

略語の前の＊は，一部著者のもの重複している．

AP　アリストテレス『政治学』山本光雄訳，岩波書店，1988
BG　A. BAILLY, *Abrégé du Dicionnaire Grec-Français*, 1901
BS　イヴ・ボヌフォワ『世界神話大事典』安藤俊次他訳，大修館書店，2001
BT2　F・ブローデル『地中海II　集団の動きと全体の動き 1』浜名優美訳，藤原書店，1992
CD　W. S. チャーチル『第二次世界大戦　2』佐藤亮一訳，河出文庫，2001
CE　レオナード・コットレル『エーゲ文明への道――シュリーマンとエヴァンズの発掘物語』前田耕作監修，暮田愛訳，原書房，1992
CPH　CLAUDE ORRIEUX / PAULINE SCHMITTE PANTEL, *Histoire grecque*, 2011
*FC　F. MATZ, *Crete and early Greece*, London, 1965
*FV　PAUL FAURE, *La Vie quotidienne en Crète au temps de Minos : 1500 av. J.-C.*, 1973
*GC　GUSTAVE GLOTZ, *La civilisation égéenne*, 1923
GD　GUY RACHET, *Dictionnaire de l'archéologie*, Robert Raffon, c1994
GH　GUSTAVE GLOTZ, *The Greek Cities*, 1969
GK　マリヤ・ギンブタス『古ヨーロッパの神々』鶴岡真弓訳，言叢社，1989
GL　FELIX GAFFIOT, *Dictionnaire abrégé latin-français*, 1936
GT　村田数之亮他『体系　世界の美術 4　古代地中海美術』学習研究社，1975
HS　『世界考古学事典　上・下』平凡社，1979
JP　J. GABRIEL-LEROUX, *Les premières civilisations de la Méditerranée*, Que sais-je ?, n° 17, 10e édition, 1983
LG　*L'ets go Greece*, St. Martin's Press, N.Y., 2000
MC　Michelin, CRÈTE, Le guide vert, 2012

MO　三橋冨治男「オスマン=トルコ史論」1966
MV　W. H. マクニール『ヴェネツィア——東西ヨーロッパのかなめ, 1081-1797』清水廣一郎訳，岩波書店，2004
PLG　PIERRE LAROUSSE, *Grand dictionnaire universel du XIXe siècle*, 1866
RT　ANDREW ROBINSON, The Man Who Deciphered Linear B, 2002
SG　周藤芳幸『ギリシアの考古学』同成社，1997
SSK　周藤芳幸・澤田典子『古代ギリシア遺跡事典』東京堂出版, 2004
WA　R. F. WILLETS, *Aristocratic Society in Ancient Crete*, 1955
WG　C. M. ウッドハウス『近代ギリシア史』西村六郎訳，みすず書房, 1997
VC　VICTORIA KYRIAKOPOLOS, *Crète*, lonly planete, 2008.

クレタ島の地図

英語

CCE　https://upload.wikimedia.org/wikipedia/commons/b/b0/Crete_relief_map-de.svg

フランス語

MC　Michelin, Carte routière et touristique, 759 , Crète, 1/140000.
CCF　http://upload.wikimedia.org/wikipedia/commons/1/1d/Crete_archaeological_sites-fr.svg

一部日本語

CCJ　http://www.worldmapfinder.com/GoogleMaps/Jp_Europe_Greece_Crete.html

原注

序文

（1）クレタ島の歴史と地理の関係は，H. LEHMAN, Die geographischen Grundlagen der kretisch-mykenischen Kultur (*Geogr. Zeitschrift*, 1932) においてよく解明されているが，とくに洞穴学的と地誌学的観点からは P. FAURE, Spéléologie et humanisme en Crète (*Bullletin de l'Assoc. G.-Budé,* 1958) suivi de Nouvelles recherches de spéléologie et de topographie crétoise (*Bulletin de correspondance hellénique*, 1960).〔なおこの原注で著者は地理的資料として，V. RAULIN と P. VIDAL DE LA BLACHE 二つの資料を挙げているが，いずれも 19 世紀に刊行されたものなので省略した．訳者〕

（2）F. BRAUDEL, *La Méditerranée et le monde méditerranéen à l'époque de Philippe II*, p. 302〔F・ブローデル，『地中海II　集団の運命と全体の動き 1』〕.

第一部　古代のクレタ島

第一章　ミノス王のクレタ島の発見

（1）P. FAURE, Labyrinthes crétois et méditerranéens, *Revue des études grecques*, 1960, et *Fonctions des cavernes crétoises*, 1964. ポール・フォールにとってフェストスとマリアの宮殿はたしかに聖所であり，迷宮は若者たちのイニシエーションの場であり，ミノタウロスは仮面をかぶった人間である．

（2）EVANS, *The Palace of Minos at Cnossos*, Londres, 1921-1936.

（3）TIRÉ et VAN EFFENTERRE, *Guide des fouilles françaises en Crète,* 1966. Suivre également le bulletin épigraphique (Crète) de la *Revue des Etudes grecques* par J. et L. ROBERT ainsi que le bulletin archéologique sur H. METZGER.

（4）ペンドルベリーは，『クレタ考古学』において，イギリス人の発掘調査の結果を発表した．

（5）HUTCHINSON, Minoan chronology reviewied (*Antiquity*, 1954).

（6）ヴェントリスは 1956 年に自動車事故で亡くなった．チャドウィッ

クは協力者であった彼の解読方式を『線文字Bの解読』(ニューヨーク，1960年)において明らかにした.

(7) ゴードンはヴェントリスの方式を線文字Aに適用した．彼が意味を解明したと信じたすべての単語は，セム語の語根に対応していた．そこで彼は，ミノア文明はクレタを海洋発展の基地にしようとしたフェニキア人によって持ち込まれた，と結論を下した．最初の入植者についていうならば，彼らは南の方からやってきた．たしかに初期のクレタの建築は，より温暖な気候に適するものとして設計された．エジプトを逐われたセム語族は，クレタ島に避難場所を求めたのかもしれない.

(8) STARR, The myth of the Minoan Thalassocraty (*Historia*, 1955).

(9) PALMER, Truth about Evans (*Observer*, 3 juillet 1960); 同じく *Mycenaeans and Minoans. Aegean Prehistory in the light of the linear B tablets*, 1960.

第二章 ミノア時代の諸段階

(1) フロズニーがその著『古代インド，インド，クレタの歴史』において下したこの結論も問題が多い．彼によれば小アジアやバルカン半島における民族の移動はクレタ島を到着点とした．そこから島の人口の大半が印欧語族の混合的特徴が生まれた．ペラスゴイ語〔ギリシアの先住民族の言語．ギリシア語の基層言語とする説もある．訳者〕系クレタ人は北シリアとアナトリア南東部出身者とのことになる．こうした人びとが，原インド人(闘牛，文字……)，象形文字ヒッタイト語族やスバレオ=フルリ語族〔Subareo-Hurrittes フルリ語は前2000年紀にミタンニ王国で用いられた非印欧語系言語．その楔形の文字は未解読．Subareo については不明．GD, p.629．訳者〕と近い関係にあったかもしれない.

第三章 ミノア時代における制度

(1) 1963年，ヴァン・エファンテールは新たな仮説を提示した．それによるとクレタ島は神権政治とは異なるいくつかの政治制度，たとえば初期民主主義制，貴族による寡頭制などを経験していたとされる．たしかにヴァン・エファンテールがマリアで発掘した中庭は広い長方形で，そこから美しい敷石の道が宮殿につづいていおり，彼

はその中庭を政治的集会がひらかれる場とみた．ミノア期のクレタにおける政治と宗教を論じるなかで（*Revue historique*, 1963），彼はミノス王が貴族階級間の仲裁者であったとことを示した．しかしクレタ島に貴族が存在したのだろうか（*Recherches sur les structures sociales de l'Antiquité calssique*, C.N.R.S., 1970）?

第四章　ミノア時代の社会組織の変化と経済活動

（1） DÉONNA, *Toilettes modernes de la Crète minoenne*.

（2） VERCOUTTER, *Essai sur les relations entre Egyptiens et Préhellènes*, Paris, 1954.

（3） ケフティウという言葉に関していくつかの解釈が提案されている．この言葉が最初に現われるのは，ライデン・パピルス『訓戒』のなかであり，これがさすのはクレタ島（H. Gauthier, Vercoutter），クレタとキリキア（Evans, Pendlebury），キリキア（Wainwright），シリア北部（Schaeffer）と意見が分かれる．

第五章　ミノス王時代の宗教

（1） Ch. PICARD, *Les origines du polythéisme hellénique*, Paris, 1930; *Les relidions préhelléniques*, Paris, 1948, とくにギリシア多神教の形成における前ギリシア時代の宗教と線文字Bにかんしては，*Eléments orientaux dans la religion grecque ancienne*, Paris, 1960.

さらに NILSSON, *The minoan-mycennian religion and its survival in greek religion*, Lund, 1927 ; P. DEMARGNE, Les religions préhelléniques, dans l'*Histoire des religions*, de BRILLANT et AIGRIN, Paris, 1955, p. 148-157.

（2） 実際には「ラブリュス=ラビュリントス」説は，ラビュリントスが洞穴を表わすとするアズヴェドによって否定されている（AZEVEDO, *Saggio sul Labirinto*, Milan, 1958）．

（3） J. CONRAD, *Le culte du taureau*, Paris, 1961.

（4） 母神が先行したとする説は，最近議論を呼んでいる．P・フォールによれば，イダ山，メリドーニやスコテイノの洞穴においては男神は女神と同時に現われ，自分が女神より先なのだと言ったとされる．

（5） F. ROBERT, *Thymélé*, Paris, 1939.

第六章　ミノア芸術

(1) J. Charbonneaux, *L'art égéen*, Paris, 1929 ; Picard, *L'art crétomycénien* (*Les origines du polythéisme hellénique*, t. I); Snijder, *Kretische kunst versuch einer deutung,* Berlin, 1939 ; et surtout Zervos, *L'art de Crète néolithique et minoenne*, Paris, 1956 ; nombreuses illustrations également dans l'ouvrage sur *La Crète* de Reverdin et Hœfler.

(2) ピカール氏はアナトリアのチャタル=ヒュユクの重要性に我々の注意を促し，ジェームズ・メラートはシュメールよりおよそ2000年前の文明をそこに発見した．氏の指摘よれば，この新石器時代は，岩壁画に動きや風景を取り入れている点で，ミノア時代のクレタの先行性の見直しを迫った．

(3) プルサ氏はマリアで前宮殿時代末期の建築物群（前1800~1700年）を発掘し，象形文字の文書やきわめて豊富な陶器類を発見した．

第七章　ミュケナイ文明とドーリア人の貢献

(1) Cf. l'étude fondamentale de P. Demargne, *La Crète dédalique. Histoire d'une renaissance*, Paris, 1947.

(2) デロス島の発掘にかんしては，Demargne et Van Effenterre dans le *Bulletin de Correspondance hellénique,* 1933, 1936, 1937... また陶器の全般的研究にかんしては，Doro Levi, *Early helllenic pottery of Crete*, Princeton, 1945 をそれぞれ参照．

第八章　古典主義時代ならびにヘレニズム時代のクレタ島

(1) ギュスタヴ・グロッツがその著『ギリシア史，ペルシア戦争とその起源』（*Histoire grecque, des origines aux guerres médiques*, p. 300-304）において描いてみせたクレタ島の様相については，ピエール・ドマルニュとヴァン・エファンテールからかなり強い疑義が唱えられている．

(2) Guiraud, La *propriété foncière* en Grèce, p. 414-417 ; Larsen, Perioeci in Crete, *Class, Phil.*, 1936. なお本文の記述の大部分は，Dareste, Haussoulier et Reinach, *Inscriptions juridiques grecques,* t. I, p. 405-493.

(3) Les conclusions de Kazamenova, L'esclavage en Crète au VIe et au Ve siècle (*Science soviétique*. Histoire, 1953) sont très controversées.

(4) キルシュテンがその著作『クレタ島』*Die insel Kreta* においてなした古典主義時代のクレタの全面的な孤立についての主張にかなり含みをもたせたのは,『クレタとプラトンからポリュビオスまでのギリシア世界』*La Crète et le monde grec Platon à Polybe* の著者ヴァン・エファンテールの功績である. 彼は文学的資料や貨幣の綿密な研究によって, クレタとギリシアのあいだに一定の継続的な関係があったことを証明した.

(5) A. BLAKEWAY, *Greek commerce with the West, Annual of the British School at Athens*, 1932-1933.

(6) OLLIER, *Le mirage spartiate*, 1933.

(7) こうしたクレタ人傭兵が刺激となって, 多くの文学作品が生まれた. この点にかんする優れた研究は, VAN EFFENTERRE, *l. c.*; PARKE, *Greek mercenery soldiers*, et PLASSART, Les archers d'Athènes, *Revue des études grecques*, 1913.

(8) VAN DER MIJNSBERUGGE, *The cretan Koinon*, New York 1931.

第二部　近代のクレタ島

第一章　ビザンティン時代のクレタ島

(1) VASSIEV, *Byzance et les Arabes*, Bruxelles, 1935; BROOKS, the arab occupation of Crete (*English Hist. Reviews*, 1913); G. MILES, *Coins of the emirs of Crete*, Héraclion, 1956; Arabic epigraphical survey in Crete, *American Philosophical Society*, 1956; H. AHRWEILER, L'administration militaire de la Crète byzantine (*Byzantion*, 1961).

第二章　クレタとヴェネツィア共和国

(1) H. NOIRET, *Documents inédits pour servir a l'histoire de la domination vénitienne en Crète*, Paris, 1892; GERKLAND, Kreta als venetianische kolonie (*Historisches Jahrbuch*, 1899); W. MILLER, *Essays on the latin Orient* (important chapitre sur la Crète, 1921). L'étude fondamentale de Xanthoudidis est en grec.

(2) I. LEVI, Les juifs de Candie de 1380 à 1485, *Revue des études juives*, 1893.

(3) クレタにおけるイタリア商人にかんしては, la publication du regis-

tre du notaire SCARDON (*Documenti e studi per la storia del commercio e del diritto commerciale italiano*), Turin, 1942.

(4) GERLAND, La noblesse crétoise, *Revue de l'Orient latin*, 1907.

(5) GEROLA, *Monumenti Veniti nell'isola di Creta*, Venise 1905-1908; MIRAMBEL, *La littérature grecque moderne* (chap, Ier), 1953.

(6) BIGGE, *La guerra di Candia,* Turin, 1901; R. DANICAN, Mazarin et l'Empire ottoman, l'expédition de Candie, *Revue d'histoire diplomatique*, 1960.

(7) LE GLAY, Une intervention en Crète (1668-1669), *Revue d'histoire diplomatique*, 1897.

第三章　クレタとトルコ

(1) SOFTAZADÉ, *La Crète sous la domination et la suzeraineté ottomane*, Paris, 1902. Précieux renseignements dans les *Mémoires* du baron de TOTT, Amsterdam, 1785.

(2) この問題については，さまざまな証言や，法律学の学位論文など無数の著述がなされた．たとえば，V. BÉRARD, *Les affaires de Crète*, 1898; COUTURIER, *La Crète*, 1900; VAILLANT, *Les origines de l'autonomie crétoise*, 1902; LOMBART, *L'occupation internationale de la Crète*, 1908; J. REINACH, *La question crètoise vue de Crète*, 1910; MIREPOIX, *Essai sur l'histoire de la question crétoise*, 1912; DUTKOWSKY, *L'occupation de la Crète*, 1953, とくに優れた要約としては J. GANIAGE, Les affaires de Crète (1895-1899), *Revue d'histoire diplomatique*, 1974.

(3) S. B. CHESTIER, *Life of Venizelos*, New York, 1921, et le roman de PREVELAKIS, *Le Crétois*.

第四章　クレタとギリシア

(1) 別の作品『自由と死』は1889年頃のクレタ人とトルコ人の対立を描いている．

(2) BUCKLEY, *Greece and Crete, 1941* (Londres, 1952); *La seconde guerre mondiale*, art. Crète, Larousse, 1951; Allan CLARK, *La bataille de Crète*.

(3) PSYCHOUNDAKIS, *The cretan runner. History of the german occupa-*

tion, Londres, 1955.
(4) ALLBAUGH, *Crete. A case study of an underdeveloped area*, Fondation Rockefeller, Princeton, 1953.

参考文献

一般資料

一般資料としては，LAROCHE, *La Crète ancienne et moderne*（Paris, 1898）はいまや時代遅れで，むしろ R. MATTON の大作 *La Crète au cours des siècles*（Collection de l'institut français d'Athènes, 1995）を推奨されるべきであろう．

古代のクレタ島

GLOTZ, *La civilisation égéenne* (Paris, éd. nouvelle en 1952).
WALTZ, *Le monde égéen* (Paris, 1947).

古代クレタ人の日常生活を研究する上での好著．本書を執筆は，これらの著作に負うところが大きい．残念ながら上記２書は，以下の新しい著作が提示する諸説に通じていない．

SEVERYNS, *Grèce et Proche-Orient avant Homère* (Bruxelles, 1960).
MATZ, *Le monde égéen* (Paris, 1956).
MARINATOS et HIRMER, *Kreta und Mykenisches Hellas* (1969). Mise au point par A. AYMARD, dans l'*Histoire générale des Civilisations* (t. I. Paris, 5e ed. 1963)...

総合的研究で必読の書としては，

PAUL FAURE, *La vie quotidienne en Crète au temps de Minos*. 1973.
H. et M. VAN EFFEUTERRE, *Mallia* (dernier volume, 1976).

現代のクレタ島

ヴェネツィア支配にかんしては，

KRETSCHMAYR, *Geschichte von Venedig*（Gotha-Stuttgart, 1905-1934）は地中海の状況に密着していて示唆に富む．さらにそこから

F. BRAUDEL, *La Méditerranée et le monde méditerranéen a l'époque de Philippe II*（Paris, 1949）が興味深い．

他方 19 世紀以前のトルコ支配にかんする研究は少ない．ギリシアとの関係にかんしては,

DRIAULT et LHÉRITIER, *Histoire diplomatique de la Grèce* (5 vol., Paris, 1925-1926).

近代の発展にかんしては,

DERVENN, *La Crète vivante* (Paris, 1957),

とくに,

BIROT et DRESCH, *La Méditerranée et le Monde-Orient* (t. II, Paris, 1956).

その他の特殊研究については，各章の原注参照のこと.

訳者略歴
幸田礼雅（こうだ・のりまさ）
1939年生まれ
1966年東京大学仏文科卒業
主要訳書
R･エスコリエ『ドーミエとその世界』（美術出版社），A･フェルミジエ『ロートレック』（美術公論社），ヘンリー・H・ハート『ヴェネツィアの冒険家』（新評論），C・カプレール『中世の妖怪，悪魔，奇跡』（新評論），ジャン＝ロベール・ピット『ワインの世界史』（原書房），T・ランツ『ナポレオン三世』，G・ミノワ『ガリレオ』，P・ギショネ『イタリアの統一』，J・ユレ『シチリアの歴史』，J.-J. マッフル『ペリクレスの世紀』，J.-J. ベッケール『第一次世界大戦』（以上，白水社文庫クセジュ）他多数

文庫クセジュ　Q 1004
クレタ島

2016年2月15日　印刷
2016年3月5日　発行
著　者　ジャン･テュラール
訳　者 © 幸田礼雅
発行者　及川直志
印刷･製本　株式会社平河工業社
発行所　株式会社白水社
東京都千代田区神田小川町3の24
電話 営業部 03(3291)7811 / 編集部 03(3291)7821
振替 00190-5-33228
郵便番号 101-0052
http://www.hakusuisha.co.jp

乱丁・落丁本は，送料小社負担にてお取り替えいたします.
ISBN978-4-560-51004-9
Printed in Japan

文庫クセジュ

歴史・地理・民族（俗）学

62 ルネサンス
79 ナポレオン
133 十字軍
160 ラテン・アメリカ史
191 ルイ十四世
202 世界の農業地理
297 アフリカの民族と文化
338 ロシア革命
351 ヨーロッパ文明史
382 海賊
412 アメリカの黒人
491 アステカ文明
506 ヒトラーとナチズム
530 森林の歴史
541 アメリカ合衆国の地理
566 ムッソリーニとファシズム
590 中世ヨーロッパの生活
597 ヒマラヤ
604 テンプル騎士団
610 インカ文明
615 ファシズム
636 メジチ家の世紀
648 マヤ文明
664 新しい地理学
665 イスパノアメリカの征服
684 ガリカニスム
689 言語の地理学
713 古代エジプト
719 フランスの民族学
724 バルト三国
731 スペイン史
735 バスク人
747 ルーマニア史
752 オランダ史
760 ヨーロッパの民族学
766 ジャンヌ・ダルクの実像
767 ローマの古代都市
769 中国の外交
790 ベルギー史
810 闘牛への招待
812 ポエニ戦争
813 ヴェルサイユの歴史
814 ハンガリー
816 コルシカ島
819 戦時下のアルザス・ロレーヌ
825 ヴェネツィア史
827 スロヴェニア
831 クローヴィス
834 プランタジネット家の人びと
842 コモロ諸島
853 パリの歴史
856 インディヘニスモ
857 アルジェリア近現代史
858 ガンジーの実像
859 アレクサンドロス大王
861 多文化主義とは何か
864 百年戦争
865 ヴァイマル共和国
870 ビザンツ帝国史

文庫クセジュ

文庫クセジュ

哲学・心理学・宗教

文庫クセジュ

900 サルトル
905 キリスト教シンボル事典
909 カトリシスムとは何か
910 宗教社会学入門
914 子どものコミュニケーション障害
931 フェティシズム
941 コーラン
944 哲学
954 性倒錯
956 西洋哲学史
960 カンギレム
961 喪の悲しみ
968 プラトンの哲学
973 100の神話で身につく一般教養
977 100語でわかるセクシュアリティ
978 ラカン
983 児童精神医学
987 ケアの倫理
989 十九世紀フランス哲学
990 レヴィ＝ストロース
992 ポール・リクール
996 セクトの宗教社会学
997 100語でわかるマルクス主義
999 宗教哲学
1000 イエス

文庫クセジュ

語学・文学

266 音声学
489 フランス詩法
514 記号学
526 言語学
579 ラテンアメリカ文学史
598 英語の語彙
618 英語の語源
646 ラブレーとルネサンス
690 文字とコミュニケーション
706 フランス・ロマン主義
711 中世フランス文学
714 十六世紀フランス文学
716 フランス革命の文学
721 ロマン・ノワール
729 モンテーニュとエセー
753 文体の科学
774 インドの文学
776 超民族語
777 文学史再考
784 イディッシュ語
788 語源学
817 ゾラと自然主義
822 英語語源学
829 言語政策とは何か
832 クレオール語
833 レトリック
838 ホメロス
840 語の選択
843 ラテン語の歴史
846 社会言語学
855 フランス文学の歴史
868 ギリシア文法
873 物語論
901 サンスクリット
924 二十世紀フランス小説
930 翻訳
934 比較文学入門
949 十七世紀フランス文学入門
955 ＳＦ文学
965 ミステリ文学
971 100語でわかるロマン主義
976 意味論
980 フランス自然主義文学